KB142852

돈 냄새 나는 땅

강공석 / 김동수 공저

Contents

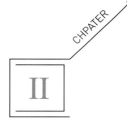

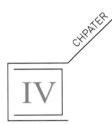

CHPATER

IV

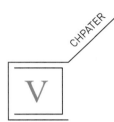

프롤로그

노후를 보장하는 땅 투자, 부자의 금맥을 캐라

부동산 투자의 8할을 아파트로 알고 있는 이들에게 토지는 생소한 영역임에 틀림없다. 다른 어떤 투자 상품보다 '땅'으로 부를 일군 사람이 많다는 것을 알면서도 땅에 대한 선입관으로 쉽게 접근하지 못하기 때문에 나오는 자연스러움일 것이다.

그러나 토지의 효율적 이용을 최우선하는 시대적 흐름에 따라 '땅 투자'는 이 시대의 마지막 로또다. 다만, 큰돈이 들어가고 법률적, 경제적 결함이 많은 땅을 사서 마음고생하는 사람들이 많은 것을 보면 다른 어떤 투자보다 더 많은 정보와 지식들이 필요함을 알 수 있다.

필자는, 우직스럽게 토지만을 고집하면서 이론과 법률 중심이 아닌 현장 속에서 땅의 가치를 찾아가는 과정을 통해 실제로 바로 활용할 수 있는 이야기들을 알고 있다. 이 이야기들을 묶은 책이, 바로 '돈 냄새 나는 땅'

이다.

'돈 냄새 나는 땅'은 총 5장으로 구성하여 땅 투자의 어려움을 극복하기만 하면 바로 성공 투자자가 될 수 있다는 돈 냄새 나는 토지투자 팁(Tip)들이 담겨 있다.

각 장별 내용을 설명하자면 1장에서는 실전에서 볼 수 있는 노하우를 토대로 성공 투자자라면 꼭 알아야 하는 투자의 지침을 소개하였다. 실전 투자자이자 토지 전문가로서 그동안 발품을 팔며 보고 익힌 마인드를 전달하고자 노력하였다. 2장은 토알못도 접근할 수 있도록 내공을 쌓기 위한 필수 팁(Tip) 위주로, 3장은 수익 극대화 편으로 농지연금, 성토와 절토, 구거, 개량행위, 지목변경 등을 다루어 토지도 많은 수익을 낼 수 있다는 시그널과 독자들도 시도할 수 있는 사례들을 서술하였다. 4장은 미래 가치가 높은 땅을 고르면서 수익을 극대화할 수 있는 전략을 제시하였기에 최상의 토지로 거듭날 수 있도록 하였다. 5장은 땅 투자자라면 기본적으로 알아야 하고, 익숙해져야 하는 용어들이 신문지상에서나 세미나(강의)에서 자연스럽게 들리고, 자주 사용되기를 바라는 마음에서 활용도가 높은 것들을 위주로 정리하였다.

소위 있는 사람들의 전유물, 세컨드 투자로서 알려져 있는 땅 투자자는 서서히 30~40대를 중심으로 확대되어 가고 있다. 원자재로서의 땅은 무한한 가치가 있다는 인식이 공감대로 형성되어 보다 과학적이고 체계적으로 접근하고자 하는 이들은 퍼스트 투자로 남보다 한발 앞서 경제적 자유인이 될 것이다.

필자는 닉네임 토지병장으로 알려져 있고 활동하고 있다. 많은 분들이 왜, 토지대장이 아닌 토지병장이냐고 묻는다. '대장'이라는 것이 직업적인 냄새가 나서 평생직업이라는 느낌이 있다면, '병장'은 만기전역을 앞둔 화려한 출발선상에 있다. 바로, 토지 투자로 노후설계를 즐겁게 준비하고 전역하여 화려한 100세 시대를 누려보자는 원대한 꿈을 가진 닉네임이다.

온라인상의 블로그 '토지병장과 스토리텔링', 네이버 밴드 "땅&개발, 삶 WOW" 또는 오프라인 교육, 상담 등을 통해서 기획 부동산의 피해, 사기 나 착오에 의한 안타까운 사연보다는 훈훈한 성공사례들을 나누고자 한 다. 부디 이 책이 땅에 관심 있는 모든 투자자들이 명품 부자로 가는 길에 지침서가 되길 바란다.

당신의 성공 파트너 **강 공 석**

지도를 통한 땅 투자 체크리스트

땅 투자로서 성공하는 사람들의 공통점을 하나 고르자면, 수도권의 행정 구역 위치를 정확히 알고 있다는 점이다. 수도권을 뛰어넘어 충청권, 강원권, 영남권, 호남권까지 개략적인 위치를 알고 있다. 이는, 토지 투자의 시작은 지도에서 시작된다는 것을 의미한다.

수도권은 서울 25개 자치구, 인천 10개 자치구, 경기도 31개 자치구 모두 66개의 자치구가 있다. 이들 행정구역이 어느 위치에 있는지 서울과 경기도를 체크해보자.

물론, 국토균형 발전 계획에 따라, 충청권, 강원권, 영남권, 호남권까지 체크한다면, 얼마나, 채울 수 있을까?

최소한, 내가 살 고 있는 행정구역은 "백지도"를 통해 채울 수 있어야 한다.

▶**서울**(25개 자치구, 605.33㎢)

▶**서울**(25개 자치구, 605.33㎢)

▶**경기도**(31개 자치구, 10,187.8㎢)

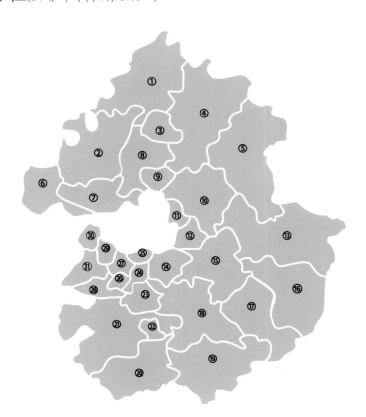

▶**경기도**(31개 자치구, 10,187.8㎢)

연천군

포천시

동두천시

가평군

파주시 양주시

의정부시

김포시

고양시 남양주시

구리시

하남시 양평군

부천

광명 과천

시흥 안양 의왕 성남시 광주시

군포

안산시 수원시 여주군

용인시 이천시

화성시 오산시

안성시

평택시

▶ 수도권 면적 (단위:㎢)

01. 양평군(877.69)   02. 가평군(843.66)   03. 포천시(826.52)

04. 화성시(689.73)   05. 파주시(672.89)   06. 연천군(676.01)

07. 여주군(608.32)   08. 용인시(591.32)   09. 안성시(553.41)

10. 이천시(461.36)   11. 남양주시(458.02)   12. 평택시(458.12)

13. 광주시(431.05)   14. 양주시(310.28)   15. 김포시(276.59)

16. 고양시(268.08)   17. 안산시(150.79)   18. 성남시(141.66)

19. 시흥시(135.79)   20. 수원시(121.05)   21. 동두천시(95.67)

22. 하남시(93.03)   23. 의정부시(81.54)   24. 안양시(58.47)

25. 의왕시(53.99)   26. 부천시(53.44)   27. 오산시(42.73)

28. 광명시(38.52)   29. 군포시(36.41)   30. 과천시(35.87)

31. 구리시(33.31)

▶**수도권 인구수**(단위:명, 2019년 12월 기준, 경기도 통계청)

01. 수원시(1,194,000)   02. 고양시(1,066,000)   03. 용인시(1,060,000)

04. 성남시(943,000)   05. 부천시(830,000)   06. 화성시(815,000)

07. 남양주시(702,000)   08. 안산시(651,000)   09. 안양시(567,000)

10. 평택시(513,000)   11. 시흥시(474,000)   12. 파주시(454,000)

13. 의정부시(452,000)   14. 김포시(437,000)   15. 광주시(373,000)

16. 광명시(317,000)   17. 군포시(276,000)   18. 하남시(272,000)

19. 오산시(226,000)   20. 양주시(222,000)   21. 이천시(216,000)

22. 구리시(199,000)   23. 안성시(183,000)   24. 의왕시(161,000)

25. 포천시(148,000)   26. 양평군(117,000)   27. 여주시(111,000)

28. 동두천시(95,000)   29. 가평군(62,000)   30. 과천시(58,000)

31. 연천군(44,000)

행정구역 채우기. 생각보다 쉽지 않은 초등학교 백지도에서 볼 수 있는 낯익은 게임이다. 토지 투자의 시작은 바로 지도를 안다는 것, 행정구역 위치를 구분할 수 있는 능력에서 시작한다. 서울보다 큰 면적을 가진 경기도 지자체는 모두 7곳이다. 생각보다 서울이 작다는 것을 알 수 있다. 땅 면적에 비해 인구가 꾸준히 유입되는 지역에 관심을 두어야 함은 당연하다.

언론상에 자주 나오는
여의도면적 크기는
A, B, C 어느것일까?

기준에 따라 달라지는 여의도 면적(※국토교통부 설명)	
Ⓐ 2.9km^2	윤중로 제방 안쪽 면적만 측정했을 때
Ⓑ 4.5km^2	윤중로 제방 안쪽과 한강시민공원까지 포함한 면적
Ⓒ 8.4km^2	행정구역상 여의도동 전체 면적(한강 바닥, 밤섬 일부 포함)

▶**강원도**(18개 자치구, 16,873㎢)

▶충청도(세종특별자치시, 대전광역시, 16,873㎢)

• **대전**:539.79Km²
• **세종**:465.23Km²

▶**영남권**(부산, 대구, 울산광역시, 29,550㎢)

- 부산:765.64Km²
- 대구:884.46Km²
- 울산:1,057.1Km²

▶ **호남권**(광주광역시, 20,274㎢)

익산
옥구
완주
무주
김제
진안
부안
정읍
임실
장수
고창
순창
남원
장성
담양
영광
곡성
구례
광주
함평
나주
화순
순천
광양
무안
영암
보성
벌교
여수
목포
강진
장흥
신안
고흥
돌산
해남
진도

• **광주**:501.28Km²

10가지 노하우

I

1
인구가 증가하는 지역을
1순위로 투자하자

▶2019년 12월, 고용노동부는 2018~2028 중장기 인력수급 전망 보고서를 발표하였다. 통계청 자료에 따르면 우리나라 15세 이상 인구는 증가하고 있으나 증가 폭이 크게 둔화하고 있고, 15~64세 인구는 감소하고 있으며 감소 폭이 지속해서 커질 것으로 예상된다(15~64세 경제활동인구 감소 눈앞…2022년부터 내리막).

2028년까지 인구 증가는 둔화하지만, 경제성장으로 인력 수요가 증가하면서 15~64세의 경제활동참가율은 높아질 것으로 예상된다. 지난해 15~64세 경제활동참가율은 69.3%였으나 2028년에는 72.6%까지 높아질 것으로 예측됐다.

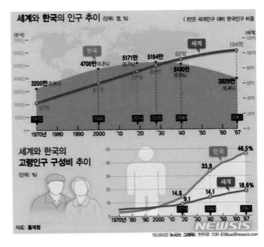

▶2019년 10월 우리나라 인구 자연증가율(인구 1000명당 출생률-사망률)이 0%를 기록했다. 매달 역대 최저 출산율 행진을 이어가다 결국 인구 증가가 멈춘 것이다. 이 추세가 이어진다면 한국은 곧장 인구 자연감소 시대로 접어들 공산이 커졌다. 곧 인구가 감소세로 전환할 가능성이 큰 것이다(인구절벽이 현실로…자연증가율 첫 '0%'/매일경제 2019.12.26.).

▶통계청이 '2017~2067년 장래인구특별추계'를 반영하여 작성한 '세계와 한국의 인구 현황 및 전망 보고서'에 따르면, 한국 인구는 5200만 명에서 2028년 정점을 찍은 후 내리막길을 걷다 2067년엔 3900만 명으로 떨어질 거라 예측하였다(뉴시스 2019.09.02.).

한때, 수천 명을 대규모로 위장 전입시켜 사회적인 문제로 이슈화된 도시가 있었다. 도대체 "군"이 "시"로 승격되면 어떤 점이 좋아지기에 위장전입으로 인구수를 부풀리는 것일까?

행정안전부에 따르면 군이 시로 승격하려면 두 가지 요건 중 하나를 갖춰야 한다. 1개 지역(읍 지역) 인구가 5만 명 또는 2만 명 이상인 지역이 두 곳 이상이고, 이 두 곳의 인구 합이 5만 명, 군 전체 인구는 15만 명 이상이어야 한다.

시로 승격된다면 공무원 조직을 늘릴 수 있고 정부 지원금을 더 받을 수 있게 되는 것이다. 또한 법에 따라 시와 군이 설치할 수 있는 기구가 다르다. 한마디로 위상이 격상되는 것이다.

이와 같이, 공무원 조직을 늘리고 정부 지원금을 더 받기 위해 거주하지도 않는 서류들을 위조해 위장 전입하는 것이 공공연하게 진행되었던 것이다. 지자체마다 인구를 유치하기 위해 관광특구다, 각종 경연 대회를 열어 이목을 집중시키고 있는 것은 보이지 않는 전쟁, 인구 빼앗기 전쟁에 사활을 걸고 있기 때문이다.

과거의 어느 때보다 향후 10~20년간은 인구의 변화에 주목할 필요가 있다. 인구증가의 시대에서 인구감소의 시대, 인구 소멸 지역의 탄생이라는 초유의 시장이 다가오고 있기에 양적 성장이 아닌 질적 성장의 본격화 및 양극화가 진행되는 환경 속에 살아가야 하기 때문이다.

수도권에 인구가 집중화되면서, 지방 경기의 활성화와 개발호재를 유치할 수 있는 기준, 즉 국가 균형 발전은 결국 인구에 달려있기 때문에 갈수록 인구를 늘리기 위해 수단과 방법을 가리지 않는 솔로몬의 지혜들은 갈수록 늘어갈 것이다.

Know-how의 첫 번째로 인구 흐름을 주시하라는 것도 이와 같은 맥락에서 관심 지역에 해당 프로젝트만으로 접근하지 말고, 인구의 유입이 꾸준히 일어나는지를 확인하여야 한다. 개발 프로젝트를 진행하면서 주택과 상권 시장이 형성되는 곳이라면 투자의 1순위가 될 수 있지만 단순하게 인구 유입 요소가 없이 직장과 주거지가 분리된다면 낭패를 볼 수 있기 때문이다.

개발 프로젝트가 일자리를 제공하는 산업이고 교육 인프라를 제공하는 여건이라면 주택 보급이 일어나면서 인구는 늘어나게 되어 있어 주거지와 교육 문화는 토지의 수요를 발생하는 요인이 되는 것이다. 혁신도시 및 기업도시의 성패는 교육과 문화 인프라로 인해 주말부부 내지는 주말 가족을 선택하겠다는 근무자들이 줄지 않는 한 많은 어려움이 있어 왔다는 것은 시사하는 바가 있다.

신도시와 택지개발지구가 들어선다고 하여 인구가 자연적으로 유입된다는 투자의 방향은 과거의 유물이 되었고, 인구를 끌어들일 만한 산업 내지는 성장 동력이 있는지를 가지고 판단하여야 한다. 인구가 증가하는 지역은 계속 증가하고 있고, 인구가 줄어드는 지역은 계속 빠져나가는 전쟁 아닌 전쟁이 진행 중이다. 개발 수요는 당연히 인구가 증가되는 지역에 있다는 사실을 기억하고 땅 투자자로서 성공하기 위해서는 아무리 개발 재료가 확실한 땅이라고 해도 향후 확실하게 인구가 늘어날 지역인지를 꼼꼼하게 확인하여야 한다.

'2018 인구주택총조사'를 보면 세종의 인구증가율(12.9%)이 전국에서 가장 높은 것으로 나타났다(전국 평균 0.4%). 노령화지수가 감소한 유일한 지역도 세종이다. 인구 증가 폭은 세종에 이어 제주(2.6%), 경기(2.0%), 충남(0.9%), 충북(0.6%), 인천(0.3%), 경남(0.2%) 순이었다.

2020년은 빅데이타 전성시대.

국가통계포털 및 부동산지인 등을 통해, 인구 및 세대수의 변화를 알 수 있다.

최근 인구 흐름은 개발호재와 함께 교통망이 진화되는 지역으로 이동하는 데, 그에 따른 사회기반시설 및 교육 시설 등 인프라 시설을 공유함에 어려움이 없는 지역으로의 이동이 눈에 띈다.

인구가 증가하는 지역, 투자의 바로미터 1순위라는 것을 거듭 강조한다.

↘ 토지의 면적 단위와 주요 신도시 크기

- 1평=3.3058평방미터(m^2)
- 임야는 면적이 넓은 관계로 평수를 쉽게 환산하기 위해서 단보와 정보라는 단위를 사용한다(1무보=30평, 1단보=300평, 1정보=3,000평).
- 1헥타르(1ha)=100아르(a)=1만평방미터(m^2)=약 3,000평
- 1제곱킬로미터(km^2)=100ha=약 30만 평

토지의 면적 단위로 개발의 밑그림을 그리면서 규모를 파악하는 것이 좋다. 판교가 9.29㎢(281만평)이므로 새만금 96.3㎢은 판교의 약 10배 크기다.

②분당(19.64㎢)
④일산(15.74㎢)
중동(5.47㎢)
평촌(5.11㎢)
산본(4.20㎢)

1기 신도시

①동탄2(24.0㎢)
③파주(16.6㎢)
⑤고덕(13.4㎢)
김포(11.73㎢)
광교(11.3㎢)
양주(11.2㎢)
검단(11.2㎢)
동탄1(9.0㎢)
판교(8.9㎢)
위례(6.77㎢)

2기 신도시

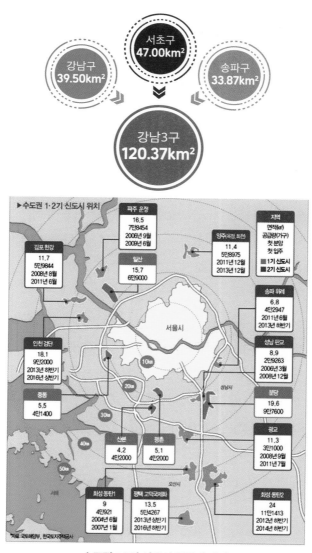

수도권 1·2기 신도시 위치와 면적

2
개발가능성이 있는
미래가치로 접근하자

인구 흐름을 확인하라는 Know-How와 일맥상통하는 부분이 있지만, 땅의 미래가치란 땅의 가치를 상승시키는 모멘텀을 계량화한 것이다. 수많은 개발 계획에서 제대로 옥석 고르기를 하여 투자하는 것이 미래가치 투자다.

미래가치라는 것이 추상적이지만 주변 환경과 개발계획, 입지 등을 고려하여 도시계획시설이 어떻게 구현되는지 땅의 활용가치를 담은 미래 청사진을 그려가는 것을 말한다. 이런 미래가치라는 것이 미시적 분석(미시적(微視的)이란 것은 사물이나 현상을 전체적인 면에서가 아니라 개별적·부분적으로 포착하여 분석하는 것)과 거시적 분석(거시적(巨視的)이란 것은 사물이나 현상을 전체적이며 대국적인 관점에서 분석·파악 및 이해하는 것)에 의하기 때문에 일반 투자자들에게는 어려운 부분이기도 하다.

미시적으로 접근하자면, 토지의 가치는 그 정착물에 따라 달라질 수 있다. 토지자원을 효율적으로 이용하기 위해서는 최유효이용의 원칙이 기준이 되며 그 판단은 법률적 기준(대상부동산을 특정용도로 이용하는 것이

지역지구제, 토지이용규제, 환경규제 등에 어긋나지 않도록 합법적으로 개발하는 행위), 경제적 기준(해당이용에 대한 주변 상황이나 수요측면에서 보아 가까운 장래에 경제적 타당성이 있도록 개발하는 행위), 기술적 기준(대상부동산의 건축가능성 등 물리적 채택가능성이 있는 이용), 경험적 증거(합리적, 합법적, 물리적으로 채택가능한 여러 가지 대안적 이용 중에서 그 이용이 최고의 수익을 올릴 수 있다는 것이 경험적 자료에 의해 입증되는 것)를 기준으로 하여 판단한다.

예를 들어, 나대지에서 개발되어 시장가치가 각각 7억 원(A), 9억 원(B), 6억 원(C)이라고 하고, 개발에 들어간 비용이 각각 3억 원(A), 6억 원(B), 4억 원(C)이라고 하자. 그렇다면 아직 개발되지 않았을 때의 토지의 가치는 각각 4억 원(A), 3억 원(B), 2억 원(C)이 된다. 이중, 4억 원이라는 최고의 토지가치를 올릴 수 있는 A를 실행하는 것이 투자 측면에서는 최상이다.
이처럼 물리적·법적 허용 여부, 자금조달의 실현 가능성, 경험적 근거 토대로 최유효활용 방안의 기준으로 투자하는 것이 미시적 접근이라 할 수 있는 미래가치 접근 방식이다.

거시적으로 볼 때 개발호재가 늘어나고 인구가 지속적으로 증가한다고 하여도, 내 땅을 어떻게 관리하고 개발할지 모른다면 땅이 가진 가치를 볼 줄 모른다는 것과 같다. 그럼에도 불구하고 투자자는 여러 이용 가능한 대안 중 최고의 수익을 창출할 수 있는 땅을 찾아야 하는 것이다. 최고, 최선의 땅이란 현재 이용 가능한 용도만을 의미하는 것도 아니라 현재의 지역지구제에서 허용되는 용도에만 국한되는 것도 아니다. 토지이용은 시간적으로 볼 때 끊임없이 변화한다. 과거에는 가장 적절한 용도였던 것이 현재는 그렇지 않은 용도로 이용됨을 볼 때가 있을 것이다. 뿐만 아니라 도시계획상이나 지역 지구제 등의 여러 가지 제한 사항도 앞으로 변할 수 있다.

농사를 지어야 할 땅에는 농사를 지어야 하지만 언제든 개발바람이 분다면 농지가 공장 용지로, 상업용지로, 대지로 바뀌는 것을 볼 수 있다. 아울러 땅의 활용도에 따라 가치가 무한할 수도 있고, 반면에 가치를 평가받지 못한 땅은 묵혀지기도 한다.

때문에 영원한 블루오션도 레드오션도 없는 것이 토지 투자로, 정해진 금액이 없다는 것은 잘 알고 있는 사실이다. 그러나 땅 투자 지도를 제대로 그려야 하는 우리 입장에서는, 인구가 증가하는 곳, 유동인구가 늘어나는 곳, 규제가 풀리거나 용도가 변경되는 곳, 각종 개발계획 및 도로 신설, 확포장 등이 진행되는 곳, 정부의 정책에 따라 관심이 증폭되는 곳을 중심으로 지역의 가치를 높이는 요인을 확인하여야 한다.

땅의 가치를 상승시키는 요인이 있는가 하면 하락시키는 요인이 있기도 하다. 최유효원칙에 의한 미래가치를 판단하는 것은 꾸준히 그림을 그려가는 것이 중요하다. 그림을 그릴 수 있는 내공을 쌓기 위해서는 신문 정독, 각종 서적 탐독, 각종 세미나 및 교육 참석, 그리고 전문가를 최대한 활용한 현장답사가 필요하다.

미래가치가 넘치고, 풍부한 지역에 대한 관심은 늘 많다. 절대적인 지역을 찾기 위해, 손품과 발품에 대한 비용을 아낌없이 지불하고 있다.

과거에는 특정지역을 꼽으라면, 꼽을 수도 있었다. 하지만, 이제는 지방자치 시대인 만큼, 어느 지역이든 호재가 있고 악재가 있다. 예상대로 호재를 이어가기도 하고, 하루아침에 달라지기도 한다. 즉, 지속적으로 상승하는 토지나, 계속적으로 하락만 하는 토지는 이제는 없다고 봐도 무방할 정도다.

절대적인 지역은 없다. 지역의 편견을 벗어나야 토지 투자로 성공할 수 있다. 판교신도시, 광교신도시가 이렇게 되리라고 생각하였나? 아니, 양재 말죽거리가 이리 될 줄 알았나?

결국, 꾸준히 본인이 잘 아는 지역 2~3곳과 전국적인 지역 1~2곳만 정해서 그 지역의 개발축과 밑그림을 이해하도록 노력하는 것이 훨씬 중요하다. 도시 성장의 진행과정은 어느 지역이나 유사하기에, 한 지역만 제대로 알아도 응용이 가능하다. 도시지역을 집중적으로 공부해도 승산이 있다는 것이다.

여기저기, 기웃거리는 것보다 최소한의 관심 지역 몇 군데만 정하고 집중적으로 정보를 취합하는 것이 초보자에게는 더욱더 중요하다.

대한민국은 양적 성장이 아닌, 질적 성장 시대로 전환되었다는 점을 기억하자.

대한민국 시·도별 주요 호재

구분	주요 변동사유
서울	국제교류복합지구·영동대로 통합개발(강남), 수서역세권 복합개발(강남), 연무장 길·서울숲 상권활성화(성동) 등
부산	북항재개발(중구), 시민공원개발·전포카페거리활성화(부산진), 해운대관광리조트 개발(해운대구) 등
대구	삼덕 공원개발(수성), 주택 정비사업(중구 달성지구, 남산2-2지구, 남산4-4지구), 연경지구개발, 대구외곽순환고속도로건설(북구) 등
인천	산곡·부개동 도시정비사업(부평), 구월·서창2·논현 택지지구성숙(남동), 송도역세 권·동춘1,2구역 도시개발사업(연수) 등
광주	에너지밸리산업단지(남구), 송정상권 활성화, 광주송정역 복합환승센터 시범사업 (광산), 도심 정비사업(동구) 등
대전	광역복합환승센터개발(유성), 舊남한제지도시개발사업(대덕), 용문 1, 2, 3구역, 탄 방1구역정비사업(서구), 선화·용두·목동 정비사업(중구) 등
울산	GW산업단지 개발(울주), 테크노산업단지 준공(남구), 혁신도시 성숙, 태화강 정원 인근 상권 활성화, 다운2 공공주택지구 개발사업(중구) 등
세종	서울~세종 간 고속도로, 조치원서북부 도시개발사업, 산업단지조성사업(스마트그 린, 세종첨단, 벤처밸리), 세종스마트 국가산업단지 추진 등
경기	지식정보타운(과천), 평촌스마트스퀘어(안양), 제2외곽순환도로(남양주), 성남구 도심정비사업(성남) 등
강원	교통체계개선(강릉), 관광수요·레저스포츠 활성화(양양), 귀농·전원주택 등 수요증 가(영월) 등
충북	전원주택·펜션 수요(옥천), 동남·방서지구 개발, 카페거리 활성화(청주상당), 청주 현도 공공개발, 모충2구역 정비사업(청주서원) 등
충남	대전~복수 광역도로(금산), 불당지구 성숙, 업성수변생태공원 조성(천안서북), 아 산탕정지구 성숙 및 주변개발(아산) 등
전북	농어촌 임대주택 건립, 전원주택 수요(장수), 홍삼·한방·아토피케어특구사업(진 안), 장류밸리조성사업·제2풍산농공단지 조성사업(순창) 등

구분	주요 변동사유
전남	첨단문화복합단지(담양), 경도해양단지개발사업(여수), 화양–고흥간 연륙도로 개설공사(여수), 순천왕지2 도시개발·첨단산업조성(순천) 등
경북	일주도로 개통·울릉공항 계획(울릉), 삼국유사 가온누리 조성사업(군위), 렛츠런파크 조성(영천), 대구–영천 철도복선화(영천) 등
경남	바다케이블개장(사천), 울산–함양 고속국도(창녕), 힐링빌리지 조성(남해), 화개장터 관광수요(하동) 등
제주	제2공항 기대감(서귀포), 신화역사공원·영어교육도시 인구유입(서귀포), 화북상업지역 도시개발(제주), 유입인구 증가·기반시설 확충 등

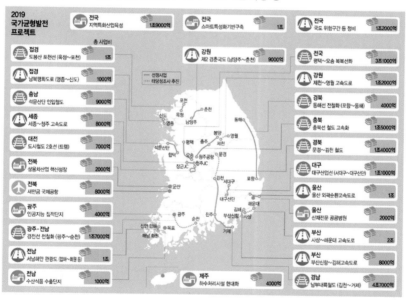

출처:국토교통부

인터넷이 아닌 현장방문 등
발품을 병행하자

시중에서 판매하는 1 : 5,000의 지적도는 2차원의 평면지도로, 입체적인 면을 나타낼 수 없는 단점이 있다. 그러나 이러한 점을 무시하고 투자하는 사람들이 종종 있다.

가령, 지적도에서 도로에 접하였다는 사실 하나로 투자가치가 있다고 판단하고 현장답사 없이 계약을 하는 사람이 종종 있다는 것을 이 책을 읽는 독자는 상상이 안될 것이다. 어떻게 현장답사 없이 계약하는 사람이 있는가? 하고 말이다.

지적도에 도로가 접해있어 투자가치가 있다고 판단할 수 있지만, 현장에 가면 경사도가 있어 건축 허가를 받기 어려운 땅일 수도 있고, 오히려 수용 가능성이 있어 가치가 현저히 떨어지는 땅이 되기도 한다. 도로에 접한다고 무조건 좋은 것이 아니라는 사실을 명심했어야 하는 사례이다.

재개발, 오피스텔, 아파트 등 주거용 부동산 투자에 어느 정도 수익률을 자랑해도 땅 투자를 처음 할 때에는 어려움을 토로하는 경우가 많다. 우리나라가 인터넷 강국이라 정보의 홍수 속에 아파트나 청약 등의 정보는 취사가 가능하지만 분석력이 뛰어난 투자자일지라도 개별성이 강한 땅 투자는 인터넷으로 좋은 매물을 잡기가 매우 어렵다.

투자 세미나나 동호회에서 많은 투자자들을 접하는데, 어느 40대 후반의 박 씨는 현란한 말솜씨로 부동산 투자의 거시적인 면과 미시적인 면을 도입하여 토지 투자의 당위성을 주장했다. 그러나 현장 답사의 서투른 접근으로 함께 한 동행인들의 질문 등에 곤혹스러워함을 볼 수 있었다.

현장에서 등기부등본 등을 통한 권리 분석과 개발호재, 시세 흐름에 있어 비교적 정확한 데이터를 가지고 일장일단을 피력하였지만, 정작 투자처를 골라달라는 투자자들을 위해서는 머뭇거리는 모습을 보인 것이다. 조용히, 필자를 찾아와 마무리해달라는 부탁을 하면서 현장답사의 중요성을 몰라 매물 선택은 못하겠다고 난감한 웃음을 지은 웃지 못할 에피소드도 종종 있다.

땅 투자의 알짜 정보는 인터넷에 있지 않다는 가장 기본적인 상식을 간과한 것이다. 알짜 정보와 좋은 매물을 얻으려면 다양한 정보를 수집하여 정보의 정확도와 정보의 경중(輕重)을 판단하여야 한다. 인터넷이나 책상이 아닌 현장 방문과 조사를 병행하면서 부지런히 발품을 팔아 놓치기 쉬운 정보와 함정을 확인해야 성공 확률을 높일 수 있다.

혹자(독자)는 발품을 팔기에 앞서, 정확한 정보는 어떻게 취합하느냐고 반문하기도 할 것이다. 30대 중반의 홍 씨는 필자의 교육 강좌를 수강하고 직접 현장에 내려가 보기도 하고, 현지 중개업소를 방문하기도 하였지만 별 소득 없이 허송세월을 보내다가 필자를 찾아왔다. 중개업소를 통한 매물을 보면서 신뢰성과 정보의 정확성의 문제가 되고, 개별 비교가 어렵다는 것으로 땅 투자를 포기하고 싶은 마음뿐이라고 하소연을 들어보니

"도대체, 어떻게 정보를 취합하는 것이 좋은가?"에 대한 답변을 듣고자한 것이다.

정보를 취합한다는 것은 정확한 정보로 수렴하는 과정이다. 초보자가 정보를 취합하기 가장 쉬운 방법 중의 하나는 세미나나 재테크 동호회에서 언급한 유망지역의 지자체 홈페이지를 통해 진위 여부를 확인하는 것이 있고 고향 땅 등 자신이 익숙한 환경을 확인하는 방법이 있다. 모르는 지역에 어느 곳에 붙어있는지 모르는 땅에 투자하기보다는 자신이 잘 아는 지역에 투자하는 것이 백번 낫다는 말이다. 관심 있는 지자체의 홈페이지를 찾아 지구단위계획과 개발계획 공람을 눈여겨본다면 좋은 투자처가나올 것이다. 고수들이 자주 활용하는 방법으로 지주들과 똠방(땅을 모아투자자 혹은 중개업자에게 매도하는 현지인)들을 상대로 하여 물건을 확보하고 시세를 분석하는 방법도 있다. 그래도, 알 수 없다면 전문가를 찾아가는 것이 시간적, 경제적으로 효율적이다. 요즘 판단을 흐리게 하는 너무나 많은 허위 정보로 시간과 비용을 손실한다. 정보의 옥석을 가리기위해 인터넷에 의지하기보다는 직접 보고 느끼면서 살아있는 정보를 선점해야 성공적인 투자자가 될 것이다.

4
시간적인 거리로 입지와
접근성을 따져라

'첫째도 입지, 둘째도 입지, 셋째도 입지'라는 말은 한 번쯤 들어보았을 것이다.

세계적인 햄버거 체인 맥도널드의 창업자 레이 크록 회장은 입지의 중요성에 대한 유명한 일화를 남겼다. 1972년 텍사스 오스틴 대학 MBA 과정의 한 학생이 맥도널드는 무엇을 파는 회사인지 질문하였을 때 크록 회장의 대답은 패스트푸드가 아닌 로케이션이라고 하였다. 맥도널드는 70년대부터 좋은 위치의 점포를 선점함으로써 경쟁 우위를 지켜나간다는 것을 의미하는 말이다. 우리나라 역시 스타벅스, 신세계 이마트의 성공 사례 역시 입지의 우월성을 강조한다.

부동성(不動性)과 부증성(不增性)이라는 특징이 있어 입지(location)는 매우 중요하다. 입지란 단순히 땅이 어디에 위치하느냐, 물리적 위치를 가리키는 말이 아니다. '입지'는 그 땅의 물리적 환경과 주변 환경을 포함해서 그 땅이 가진 미래가치까지 가늠하여 우위적인 잠재적인 가능성과 여러 가지 지역적 요건 등을 종합적으로 나타내는 말이다. 따라서 그 땅이 속한 지역의 교통망과 도로 등 인프라 시설은 물론이고 교육, 문화 등의 편의시설을 포함하여 인구변화, 개발계획, 인근 지역과의 연계성, 주요 도로와의 접근성, 미래가치를 망라하는 것이다.

혹자는 입지를 단순하게 지리적 위치를 말하면서 폄훼하지만, 부동산 투자에서 말하는 입지는 종합적인 진단을 포함하는 것이다. 따라서 입지를 확인하라는 말은 투자성이 있는가의 여부를 따지는 것이다.

입지의 중요성을 비교하는 예로써, 흔히 분당과 일산을 자주 비교한다. 비슷한 시기에 조성되었고, 초기에는 오히려 일산이 비쌌지만 현재는 어떤가? 강남과 가깝다는 이유로 분당이 더 비싸다는 것은 입지의 차별화로 인한 것이다.

2019년 개별공시지가에 따르면, 광역 시·도별로 서울의 개별공시지가는 12.35% 올라 1위를 기록했다. 서울 잠실~삼성동 일대 국제교류복합지구·영동대로 지하 통합개발계획 등이 진행된 영향이다. 광주(10.98%)는 에너지밸리산업단지 조성, 제주(10.7%)는 국제영어도시·제2공항개발, 부산(9.75%)은 주택 정비사업 등이 상승 요인이다.

부동의 1위 서울 중구 명동 네이처리퍼블릭 부지(169.3㎡)는 ㎡당 공시지가가 1억 9천900만 원으로 2억 원에 육박했다. 2위인 명동 2가 우리은행 부지(392.4㎡)의 경우 ㎡당 1억 9천200만 원이고, 땅값 3위인 충무로 2가 의류매장 '유니클로' 부지(300.1㎡)는 ㎡당 1억 8천600만 원이다.

최근, 공간적 거리 못지않게 시간적 거리의 중요성이 부각되고 있다. 광역급행철도, 지하철 및 경전철, 순환고속도로, BRT(간선급행버스)시스템

등 수도권 광역교통 시스템이 날로 첨단화하고 있는 상황에서 지리적근 접성만으로 투자의 당위성을 논하는 것은 옛날 일이다. 이단 토지뿐만 아 니라 주택도 해당되어 출퇴근 시간 거리는 입지의 새로운 투자 개념으로 자리 잡고 있다.

복잡한 아파트에 염증을 느껴 자연을 호흡하면서 넓은 마당에 살고자 하 는 30~40대의 전원주택 선호가 날로 증가하고 있다. 직장과의 접근성에 1시간 내지 1시간 30분 내외의 지역들을 선호하고 지가 역시 높게 형성되 어 있는 것을 보면 시간적 거리의 중요성은 더욱 설득력 있다.

땅은 입지에 의해 가치가 달라지듯이 도로와의 연결이 불편하고 경사가 있어도 입지가 좋은 땅이 우선이다. 수도권의 맹지라 할지라도 지방의 관 리 지역보다 비싼 경우가 많다는 것을 봐도 그렇다. 물론 투자자에게 입 지는 개발 가능한 입지를 찾아야 할 것이다.

아직도, 싼 땅을 찾는가? 다소 비싸더라도, 입지의 우월성을 믿고 투자하 는 것이 더 큰 이익을 가져다준다는 사실을 명심하라.

토지 투자 체크리스트

구분		내용	확인사항
물리적 현황	❶ 경사도	경사도가 높으면 허가에 어려움이 있고, 개발비용이 과다하게 소요된다. 법면으로 빠진 면적이 많으면 투자 가치가 낮다. 경사도는 20도(25도)미만, 법면은30%미만	조례 확인
	❷ 방향	남동향이 선호되는 경향. 오후 2시 타임을 고려하여 일조량여부와 경관을 확인하는 것이 좋다.	남(동)향, 경관
	❸ 조망권	조망권이 방향보다 우선하는 경향	조망권
	❹ 높이	인접 대지보다 높고, 특히 도로보다 높을것	현황확인
	❺ 모양	땅의 폭이 최소한 15미터 이상이 되어야 정상적인 모양의 건축물이 들어설 수 있는 정방형. 예각보다 둔각이 많은 모양이 좋다.	정방형, 폭넓이
도로 현황	❻ 도로폭	폭 4미터 이상의 도로에 2미터 이상 접하여야함	
	❼ 포장여부	포장이나 잘 다져진 비포장 길일 것	포장
도로 현황	❽ 도로 사용권한	지적도로/현황도 여부 및 도로 개설가능여부. 맹지가 중요한 것이 아니라 점용 등을 통한 도로 개설 가능여부를 판단하는 것이 중요. 타인의 토지를 이용하는 사례도 많으니, 권한 확인은 필수.	도로개설 여부 (현장탐문)
공법 현황	❾ 용도지역	목적에 맞는 용도지역인지 확인하는 것이 중요하다. 지목은 사용검사(준공) 이후다.	토지이용 계획원
	❿ 공법상의 규제	토지거래허가구역, 수질보전대책특별지역, 상수원보호구역이나 군사시설보호구역, 문화재보전구역, 수변지역, 공원보호구역 등 다양한 규제	시군구청 확인
	⓫ 분묘 기지권등	토지이용계획원에 표시되지 않는 분묘기지권, 법정지상권등을 파악하는 것이 중요하다.	시군구청 확인
	⓬ 소유권 등	대장과 등기부등본등의 일치여부를 확인하라	공부 등기부등본

구분		내용	확인사항
주변현황	⑬ 대중 교통	대중교통 이용의 편의성을 고려하라.	도보 15분
	⑭ 지하수 개발	주변에 많은 가구가 거주 시 지하수 개발 어려울 수도 있다. 지하수 개발 여부 확인은 필수	주변탐문
	⑮ 하수처리	해당토지가 구거.하천등에 접하지 않은 경우 지역에 따라 반드시 하수처리관로를 매설해야 하는 곳이있다. 하수종말처리장 여부. 사용승낙서 동의여부	지목변경의 마지막절차
	⑯ 통신시설	전기는 200미터까지 기본이나 이후는 미터 단위로 비용 발생(한전 확인), 전화 400미터까지 기본이고, 이후는 추가요금을 적용한다.	
	⑰ 인근도시 접근성	병원, 시장등 도시지역과의 접근성 고려	차량 10분 이내
	⑱ 인근주민 성향	마을에 따라 폐쇄적인 지역도 있으니, 외지인 거주 용이한 곳과 지자체의 개발의지를 확인한다. 인구 유입은 지자체의 최대 숙원이다.	현장확인
	⑲ 혐오시설	공동묘지나 화장터, 하수종말처리장, 쓰레기 매립장, 광산, 염색가공, 가죽, 목재가구 공장 등 공해시설이나 레미콘공장, 축사나 분묘, 사격장 인근, 고속도로 인근, 군부대 인근, 고압선 등	현장확인

5
실패사례를 통해
나만의 성공사례를 만들자

땅의 개별적인 특성, 모양이나 쓰임새가 제각각 다르고 활용가치 또한 다르기 때문에 백화점에서 물건을 사는 방식으로는 어렵고 골동품점에서 아무도 주시하지 않는 도자기를 골라야 하는 만큼 개인이 원하는 땅을 고르기란 생각만큼 쉽지 않다. 일반적인 상품이야 유행, 트렌드가 있지만 땅은 활용 목적이나 용도, 그리고 보유자금에 따라 다르기 때문에 개별적인 특성을 이해하지 않고서는 선별하기가 쉽지 않다.

개인적인 투자 성향이 단기적으로 승부를 내야 하는 기질이 있다면 안정성보다는 수익성과 환금성에 중심을 두어야 하고, 묵힐수록 장맛이라는 토지의 구수한 냄새에 이끌려 10년 이상 끌고 가 큰 수익을 내겠다면 수익성과 안정성에 중심을 두어야 할 것이다. 그러고 보면 단기나 장기투자는 수익성을 바탕으로 한 것이기에 투자 시에는 자금의 규모에 따라 지역과 투자시기, 투자 기간 등을 고려하여야 할 것이다.

토지의 개별적인 특성으로 인해 개개인에 맞는 최상의 투자처를 찾기란 서울에서 김서방을 찾는 것이라고 비유할 수 있을 만큼 불가능하다. 오히려 7~80%를 만족하여 나머지 100%를 위해 가꾸는 것이 더 현명하다. 그러려면 정보 취합에 최선을 다하여야 하고 정보 취합의 최선은 발품을 팔아 단 1%라도 만족도가 높은 땅을 선택해야 한다.

필자에게 컨설팅을 의뢰한 투자자들을 분석하였는데, 성공하는 사람이 많을까? 실패하는 사람이 많을까? 의외로 실패자가 훨씬 많았다. 아직, 컨설팅 개념이 익숙하지 않아 사후약방문 격으로 타당성을 따지는 분이 많기에 당연하다고 볼 수 있다. 즉, 매수를 하고 나서 혹은 매도를 하기에 앞서 땅의 현재가치를 묻곤 하는데 십중팔구 주변에서 그 땅에 대해 폄훼하는 것에 대한 불안감으로 확인차 컨설팅을 의뢰하는 것이 대부분이다. 역으로, 제대로 땅을 사거나 현재가치가 높은 땅의 소유자는 컨설팅을 의뢰하지 않는다.

그러나 최근 땅에 대한 관심과 컨설팅 개념이 과거와는 달리 3~40대를 중심으로 조용히 늘어가고 있는 추세이고 컨설팅 내용 역시 땅을 매수하기 전 공법상의 규제사항과 함정, 기타 법률적인 하자여부를 확인하고 있어 전문가를 최대한 활용하고 있다.

땅의 개별적인 특성을 이해하지 못하고, 처음부터 대박만을 꿈꾸고 무리하게 접근하는 투자자들이 많다. 소위, 땅 투자로 돈을 벌었다는 사람들의 이야기를 쫓아 그대로 답습하여 불나방처럼 덤비는 경우가 있는데 절대 성공할 수 없다. 위치와 시간이 다르고, 상황이 달라지고 있는데 어찌 똑같이 재현되기를 바라는 것은 로또보다 더 낮은 확률이다. 차라리 로또를 사는 편이 낫다.

투자의 성공사례에 솔깃한 것은 당연하지만, 성공 사례는 간접 경험으로 이해하고 노하우를 축적하는 것으로 만족하고 실패 사례에 더 주목하자. 성공사례는 또다시 재현되기 불가능하지만, 실패 사례는 실패의 요인만 제거한다면 성공사례로 둔갑할 수 있기 때문이다. 다시 말하자면, 어떤 성공사례든지 시점이 다르고 투자의 요건이 다르기 때문에 그 노하우를 그대로 답습하여 오히려 손해를 볼 수 있고, 실패 사례를 통해 나만의 성 공사례를 만드는 것이 성공 확률이 더 높다. 실패 사례를 통해 노하우를 얻기 위해서는 땅 투자에 대한 많은 공부와 체득한 경험이 우선시되어야 한다. 바로 현장을 통해서만이 가능하다.

똑같이 생긴 땅이 하나도 없듯이, 똑같은 사람도 없다. 따라서 일대일 함 수관계처럼 땅 투자에 대한 접근 방식은 개인마다 다를 수밖에 없다. 남 의 성공사례에 휩쓸리지 말고 기본 원칙에 의해 발품과 함께 나만의 성공 방정식으로 성공투자자의 대열에 합류하라.

6
때로는 우뇌적인
발상으로 투자하자

때로는, 느낌으로 투자하는 것이 더 좋은 결과물을 얻는 상황을 종종 볼 수 있다. 그런 사람들은 "운"이 좋았다고 겸손해한다. 정말, 운이 좋아서 성공하였을까? 물론, 정말 운이 좋아서 성공할 수 있겠지만 보이지 않는 반복 훈련과 경험으로 자연스럽게 생활하다 보니 자신만의 직관력(판단이나 추리 따위의 사유 작용을 거치지 아니하고 대상을 직접적으로 파악할 수 있는 능력)이 생겨서 성공할 수 있었을 것이다.

좌뇌는 수리, 논리, 이성적 판단 등을 관장하고, 우뇌의 역할은 감성, 창작, 느낌의 반응 등을 관장하는 역할을 한다. 좌뇌의 소유자는 분석적이고 논리적이라 체계적인 방법으로 문제를 해결하려는 경향이 있고, 우뇌의 소유자는 지각적 판단에 의해 문제를 해결하려는 경향이 있다. 부동산 투자에서 남자보다 여자들의 성공률이 높다는 것은 아마도 우뇌적인 판단에 의해 접근하기 때문이 아닐까 싶다.

논리와 분석으로 정책을 바라보기보다는 때로는 감성으로 판단하고 접근하는 것이 더 효율적일 수 있다. 필자는 부동산 투자 상담에서 부부가 함께 방문하여 상담하는 것을 좋아한다. 논리적인 남편과 감성적인 부인의 역할 분배로 인해 비교적 쉽게 투자의 방향을 정하기 때문이다. 부동산 투자에서, 부동산 정책과 신문지상의 내용의 행간을 읽을 줄 알아야 성공하는데 바로 이 행간을 읽을 줄 아는 사람은 논리적으로 접근하는 사람이 아닌 감(感)에 의해 판단하고 행할 줄 아는 사람이라 할 수 있다.

우뇌적인 오 씨와 좌뇌적인 윤 씨가 있다.

2007년 초 윤 씨는 분당급 신도시의 유력 후보지로 물망에 올랐던 용인 모현과 광주 오포, 그동안 상승폭과 미래가치를 분석하고 각종 차트까지 도입하면서 투자성이 있다고 판단하여 대출과 친지의 빚까지 끌어들여 투자를 추진했다. 신도시 지정 후 2~3배 이상의 시세차익을 기대하고 있었지만 결과적으로 자금 압박에 시달리고 말았다. 자기자본으로 투자하였다면 중장기적으로 보유 시 시세차익을 기대할 수 있지만 윤 씨는 그럴 여유가 없는 것이다. 좌뇌적인 분석이 순식간에 낭패를 가져온 사례이다. 반면, 땅 투자는 자본 싸움이자 시간 싸움이라는 것을 아는 오 씨는 여유 자금으로 투자자들이 몰리는 행정수도에 투자하고 위헌소송에 휘말려 가슴을 쓸어내렸지만, 행정중심복합도시로 기사회생하였다. 결국은 자기자본이 있고 시세 흐름에 일희일비하지 않는 우뇌적인 낙관론에 의해 지금까지 보유한 것이 오히려 더 나은 투자 수익을 가져온 것이다.

멀리 내다보고 투자하여야 하는 땅 투자는 우뇌적인 접근이 필요한데, 시세 흐름에 민감하고 가벼운 악재에도 조바심이 일어나 마음 병만 키우고 급매 처분하는 사람들은 십중팔구 때늦은 후회를 하기 마련이다. 또한, 무거운 정책과 규제가 쏟아지는 부동산시장을 바라보는 시각도 다르다는 것을 알 수 있다. 각종 규제와 법률로 한숨을 내쉬고 각종 데이터를 보면서 투자시대의 종말을 외치는 좌뇌 소유자가 있는 반면 틈새시장을 찾아 이삭줍기를 하는 우뇌 소유자도 있다.

무조건적인 지나친 낙관론에 의해 접근하는 것도 문제지만 과거의 수치를 잣대로 투자의 성패를 가늠하는 것도 문제다. 온라인상에 있는 많은 정보와 수치는 참고만 할 것이고 감(感)을 키우기 위한 현장답사를 즐겨라.

↘ 허름한 옷차림의 땅 부자

상담을 하다 보면, 주택을 투자하는 부자와 땅을 투자하는 부자의 겉모습에서 많은 차이를 발견한다. '말쑥하게 차려입은 사람치고 진짜 부자 없다'는 이야기가 최소한 땅에는 어울린 이야기인듯하다.

땅 투어를 하는 사람들이 각양각색이지만, 투자에 대해 진지한 사람들의 면면을 보면 진지하게 옷 입은 사람이라기보다는 작업복과 면바지, 최소한 3년 이상 된 듯한 닳은 등산화를 신고 나타나는 것을 어렵지 않게 본다.

현지 중개업소의 눈에는 허술한 차림의 복장으로 나타난 투자자에게는 소위 '인정 작업'의 폭을 낮출 수밖에 없다. 즉, 제대로 입은 투자자보다는 평단가를 낮게 시작한다는 것이다.

또한, 허술한 복장의 투자자들은 필자가 보기에도 흥정의 달인이라고 인정할 때가 많았다.

인정 작업:토지 주인이 얼마까지 그 물건을 팔아달라고 하면, 중개업자는 그 가격만 소유주에게 받아주기만 하면 되고 나머지 차액은 중개업자가 얼마를 받든 상관없이 그 부분에 대해서는 중개업자가 가져가는 몫.

7

새로운 투자대안인
공동투자로 성공하라

일명 '공투'라고 불리는 공동투자는 개개인의 가용자금으로는 감당할 수 없는 큰 규모의 부동산을 다른 투자자들과 함께 소액으로 투자하여 리스크를 최소화하면서 덩치가 큰 부동산을 상대적으로 저렴하게 매수할 수 있는 투자의 일종이다.

그런데, 기획 부동산으로 인해 공동투자의 장점에도 불구하고 투자자에게 선뜻 권유하기 어려운 것이 현실이다. 기획 부동산은 한마디로 땅을 싸게 사서 쪼개 파는 회사로 수십 배의 폭리를 취하는 게 다반사다. 개발이 거의 불가능하거나 개발가치가 미미한 땅들이 많기 때문에 공동투자로 접근하든지, 개별등기로 하든지 피해는 어쩔 수 없이 따라다니기 마련이다. 물론, 모든 기획 부동산이 다 그러한 것은 아니다.

그러나, 정상적인 시세 차익이 아닌 수십 배의 개발이익이 있다고 부풀리거나 서둘러 계약을 종용한다면 한 번쯤은 생각하여야 한다. 온갖 연줄을 동원하여 확실한 정보라고 말하면서 많게는 수십 배의 차익이 나는 상품을 왜 나에게 왔을까 하고 생각해 본다면 투자 여부를 판가름할 수 있다. 현장에 방문하여 사실 여부를 확인하거나 전문가의 상담을 받고 진행하는 것이 안정성과 효율성 측면에서 훨씬 도움이 될 것이다.

그렇다면, 공동투자로 성공하기 위한 최소한의 요건은 무엇일까?
투자 인원이 너무 많으면 불협화음이 생기기 마련이고, 의견 일치를 보기가 어렵다. 따라서 소수의 인원으로 투자금액을 균분하는 것이 가장 무난하다는 것을 알 수 있다. 무리한 대출을 받아 지분 투자하는 경우, 예상하지 못한 사건이 닥칠 경우 쉽게 와해되거나 다른 지분 투자자들이 그 손해를 안게 되는 경우가 많다. 또한, 안전장치를 확보해야 한다. 결국, 생면부지의 투자자들이 자기의 권리를 보호하기 위해서는 공동명의로 하거나, 근저당 및 담보가등기로 안정성을 보호받아야 한다. 그럼에도 불구하고, 공동투자의 유혹을 뿌리치지 어려운 이유는 덩치가 클수록 3.3㎡당 단가가 저렴하기 때문이다. 10,000㎡의 3.3㎡당 단가가 50만 원이라면 1,000㎡의 3.3㎡당 단가는 70~80만 원하는 것이 일반적이다.
최근에는 재테크 동호회나 교육강좌를 통해서 마음에 맞는 투자자들이 삼삼오오 모여 공동투자를 모색하는 것을 많이 보게 된다. 투자가치가 있는 곳의 땅은 개인이 투자하기에는 벅찰 정도로 시세가 많이 상승하였기 때문이다. 또한, 기획 부동산의 정보를 오히려 이용하는 등 새로운 투자 방식으로 부각되고 있다.

↘ 임야 개발시 땅의 경사도

임야 개발 시, 경사도 15도, 25도 하는 이야기를 많이 듣는다. 개발행위 시, 필수 확인사항이 바로 경사도다.

경사도란, 어떤 지형을 이루는 지면의 경사를 각도 또는 퍼센트로 나타낸 것을 말한다. 현행 산지관리법상 개발 가능한 임야의 경사도는 최대 25도로 되어 있는데, 조례로서 더 강화할 수 있다.

골프장이나 광업 채굴 등의 예외적인 기준은 있어도 일반적으로 25도가 최대 허용치다.

그런데, 실무적으로 이 경사도에 대한 오해가 있는데, 현행 각 지자체 조례를 자세히 보면, 도(度)와 %의 2가지 방법을 쓰고 있다.

대부분의 시·군·구에서는 도(度)를 사용하지만, 인천광역시에서는 30% 등 일부 지자체는 %로 규정하고 있다. 그런 연유인지, 도(度)와 %를 동일하게 해석하신 분이 많다.

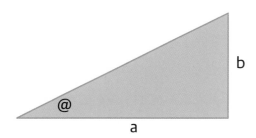

상기 그림에서 @는 경사도(度)이고 %는 b/a(%)다.

즉, 개념이 다르다.

계산해보면, 15%와 15도는 완전히 다른 수치로, 전자 계산해보니 경사도 25%는 14도(度)다. 15%는 8.5도(度).

매매 타이밍으로,
수익을 극대화하라

자신의 부동산을 매도하고 나서, 아파트 혹은 땅 가격이 올라 남몰래 통곡을 치는 경험은 누구나가 있지 않을까 싶다. 펜이 있으면 메모지가 없거나, 메모지가 있으면 펜이 없고, 둘 다 있으면 적을 메시지가 없다는 머피의 법칙처럼….

아무리 투자가치가 있는 땅이라 하여도 매매 타이밍을 맞추지 못하여 겉으로 웃어도 속으로 우는 사례가 많다. 반면, 웃음을 조절하지 못할 정도로 뿌듯한 사례도 많다.

행정수도 이전 문제와 위헌판결로 인해 천당과 지옥을 오간 이 씨, 동계올림픽 개최 확신에 갖고 투자하였지만, 개최지 무산으로 꿈의 평창이 아닌 신기루를 안고 돌아온 허 씨, 한반도 대운하로 여주와 충주 일대의 가파른 상승기에 갑자기 주저앉은 현지인 박 씨, 그리고 내가 팔고 난 아파트 가격이 용수철처럼 튀어 올라 속이 쓰린 사람들.

이 씨는 행정수도 영향을 받고 2002년부터 오르기 시작한 땅이 2003년 행정수도 이전이 가시화되고 2004년이 되어 8배까지 오르게 되니 기쁨을 가누지 못하였다. 호사다마라고 할까? 아니면 시샘을 한 것일까? 욕심이 과한 것일까?

행정수도 이전 문제가 헌법재판소의 위헌판결로 무산되자 이 씨는 매도 타이밍을 놓치고 폭락하는 땅값을 보며 한숨만 늘어가는 때에 필자를 만나게 되었다. 이미 때는 늦어 희망 가격의 절반에도 거래가 이루어지기 힘들었던 상황에서 또 한 번의 불씨를 기다려보자는 답변 이외에는 달리 대안이 없었다.

행정수도 안은 폐기되었지만 행정중심복합도시('행복도시')로 대체되어 신도시로 조성하기로 한 것이 2011년이고, 행정중심복합도시와 혁신도시 등으로 2019년 말 기준으로 153개 공공기관 이전이 완료되는 것을 보면 타이밍이나 결단력도 투자의 중요한 요소임에 틀림없다.

허 씨는 동계올림픽 특수를 노리고 대출을 받아 매입한 봉평 펜션 단지 내 개발용 토지를 경매를 통해 처분하게 되는 과정을 보면서 그동안의 마음고생을 읽을 수 있었다. 강원도 평창은 2018년 동계올림픽 개최로 높은 지가 상승이 있었음을 독자들도 잘 알고 있는바, 허 씨는 조금만 더 버텼으면 하는 바람이 있었지만 높은 이자 부담으로 급매물 처리의 쓰라린 기억만 남게 되었다.

한반도 대운하 수혜 지역인 경기도 남양주시와 여주군, 충북 충주시 등 특정 지역의 땅값이 폭등하고, 원정 투자자들이 대거 몰렸다. 3~4개월 동안 5배 이상 뛴 곳도 수두룩하여 큰 손들의 움직임까지 가세하였지만, 한반도 대운하 계획의 보류 발표로 인해 땅값이 하루아침에 곤두박질한 때가 있었다. 수많은 투기꾼들의 환상이 깨지는 순간이지만 땅 하나만을 믿고 매도 타이밍만 저울질하다가 매도하지 못한 현지인 박 씨. 땅을 팔아, 근사한 내 집 마련도 하고 딸의 결혼을 행복하게 해주겠다는 약속을 지킬 수 없게 되었다는 박 씨의 하소연이 아직도 기억에 남는다.

주저하다가 타이밍을 놓치는 일반인들과는 달리 일부 고수들은 상당히 대조적인 행보를 보인다. 그러고 보면, 투자의 최대 리스크는 금리, 국제 정세, 환율 등의 경제 지표가 아닌 "타이밍"이라 할 수 있겠다. 동일한 투자 상품도 때에 따라 수익이 다른 것을 보면 더더욱 공감이 된다.

내가 팔고 난 부동산이 오르는 경험을 한 일반인들의 머릿속에는 머피의 법칙만이 맴돌고 있다. 이제, 머피의 법칙이 아닌 샐리의 법칙(머피의 법칙과 반대 개념으로 자신에게 유리한 일만 일어난다는 법칙)을 끌어내기 위해서는 타이밍을 내 편으로 만들어야 할 것이다.

무릎에 서서 어깨에 매도하라는 격언, 최저가에 산다는 것과 최고가에 매도한다는 것은 신의 영역이다. 매도할 때는 다음 투자자를 위해 어느 정도 이익을 나눌 수 있어야 하고 매수할 때는 바닥에 산다는 개념보다는 무릎에 산다는 개념으로 접근하는 것이 결과론적으로 최선의 매수 타이밍일 것이다.

투자는 본인이 판단해야 하기 때문에 부지런히 공부해야 하는 셈이다.

↘ <보도기사> '공유지분 기획부동산' 우리경매 회장 징역 1년 6개월

토지를 공유지분으로 쪼개파는 기획부동산 중 국내 최대로 꼽히는 우리 경매의 경영진 3명이 사기 판매 혐의로 1심에서 징역형 실형을 받았다. 개발 가능성이 희박한 토지를 공유지분으로 쪼개 판 행태가 사기라는 법원 판단이 나온 것은 이번이 처음이다.

18일 법조계에 따르면 광주지방법원은 지난달 8일 우리 경매 황모 회장에게 징역 1년 6개월, 노모 총괄사장과 박모 광주지사장에게 각각 징역 1년을 선고했다. 앞서 이들은 기획부동산을 불법 다단계 방식으로 운영하며 4개 필지의 공유지분을 총 53명에게 사기 판매해 64억 원을 편취한 혐의 등으로 기소됐었다.

필지 4곳은 북한산국립공원 부지인 서울 도봉구의 임야, 팔당호에 인접해 상수원보호구역으로 지정된 경기 광주의 임야, 남한산성도립공원인 경기 하남의 임야, 지하터널 개통이 예정된 경기 성남의 임야다.
검찰은 이들이 판매한 토지의 용도·입지조건을 봤을 때 개발 가능성이 전혀 없다고 봤다. 또 피해자들이 시세의 4배에 달하는 가격으로 공유지분을 산 데다 지분을 일괄 처분하거나 분할 등기할 방편을 마련하지 못하는 등 이익금을 취할 가능성이 없다고 판단했다.

서울경제가 박홍근 더불어민주당 의원실을 통해 입수한 판결문을 보면 법원은 이들이 허위·과장 정보를 제공하면서 매수를 권유해 토지를 실제 가치보다 훨씬 높은 가격으로 사게 하는 피해를 입혔다고 판단했다. 또 이들이 범행을 하는 과정에서 탈세 목적으로 수수료를 차명계좌에 지급받기도 했다고 밝혔다. 재판부는 "이 사건과 같은 부동산 관련 사기 범죄는 불특정 다수의 피해자를 양산할 위험이 있고 부동산 투기를 조장하는 등의 사회적인 문제를 야기할 가능성도 높다"고 했다.

다만 재판부는 피고인들이 모든 피해자들과 합의한 점을 양형에 반영했다.

이들은 피해자 53명 가운데 공유지분을 보유하기를 원하는 일부 사람 외에는 매매 대금을 반환해 주었다고 한다.

이 같은 공유지분 판매 행위가 사기라는 법원 판단이 나온 것은 이번이 처음이다. 이들처럼 개발 가능성이 희박한 토지를 3~5배 내외의 가격으로 뻥튀기해 지분으로 쪼개 파는 기획부동산이 수두룩한 만큼 피해자들의 소 제기와 검찰·경찰 수사 등이 잇따를 것으로 보인다.

이번에 사기로 판명된 필지 4곳의 지분 소유자는 1,600여 명이며 우리경매는 이외에도 수백여 필지의 공유지분을 팔아왔다. 황 회장의 친형이 운영하는 케이비경매의 경우 2년여간 한 지사에서 판매한 필지가 222개, 소유자는 총 2만 8,000명에 달한다. 이외에도 신한경매, 코리아경매, 나라경매 등도 공유지분 기획부동산이다.

부동산 실거래가 플랫폼 밸류맵의 이창동 팀장은 "지난 수년 동안 비슷한 수법으로 판매한 공유지분이 십만여 건에 달할 것"이라며 "다른 업체들의 수사, 피해자들의 피해 회복이 얼마나 이뤄질지 봐야 할 것"이라고 했다. 박홍근 더불어민주당 의원은 "위법적인 공유지분 판매를 엄단한 사법부의 결정을 환영한다"며 "정부는 이같은 사기 행위를 막는 제도적 보완책을 마련해야 한다"고 했다.

서울경제 / 2020.2.19.

세금과 부대비용까지 감안하여
실익을 따지자

아무리 좋은 땅이 있어도, 현금화가 어렵고 부재지주로 비사업용 토지로 매도 시 높은 세율을 적용받는다면 실제 손에 쥘 수 있는 돈이 많지 않아 허탈감마저 들기 마련이다. 2005년 8.31대책으로 인해 부재지주와 비사업용 토지에 대해 세금이 중과됨에 따라 땅값이 올랐어도 체감 수익률은 그리 높지 않았음을 알 수 있었다. 따라서 다른 부동산 투자와는 달리 각종 제세금이 많이 들기 때문에 세후 수익률까지 고려하여야 한다.

안산에서 공장을 운영하는 조 씨는 2006년 집값 폭등기와 수출 호조로 인해 목돈 마련에 성공하여 사세 확장을 목적으로 평택에 관리지역 임야 850평을 구입하였다. 3.3평방미터당 50만 원을 주고 모두 4억 2500만 원을 투자한 셈이다. 안산에서 임대로 공장 운영을 하다 보니 자기만의 공장이 필요하다고 느낀 바, 2~3년 뒤에는 공장을 직접 짓기로 하였다. 그러나 2007년부터 이어진 경기 불황으로 인해 운영자금 마련 목적으로 2008년 봄에 처분할 수밖에 없었다. 경제자유구역 지정으로 땅값이 호가 기준 3.3평방미터당 80만 원 선에 거래되고 있어 어느 정도 수익을 만족하고 처분하기로 한 것이다. 흥정을 거듭한 끝에 3.3평방미터당 76만 원, 6억 4천만 원에 매도하였으니 단순 계산으로 2억 1500만 원 이익을 본 것이니 투자에 성공한 것처럼 보였다.

그러나 부대비용을 감안하지 않는 단순 계산에 불과하다. 평택은 당시 토지 투기지역으로 실거래가로 취득 비용을 납부하여야 하는 바, 실거래가액의 4%를 납부하여야 했다.

사업용으로 전환하지 않은 비사업용 토지로 양도 시 주민세 포함한 세금은 양도차익의 66%다. 양도 차익이 2억 1,500만 원으로 양도소득세(주민세 포함) 1억 4190만 원을 납부하고, 보유세 및 중개 수수료와 법무사 대행료 등 각종 비용을 제하고 나니 손에 쥐는 것은 3천여만 원에 불과한 것이다.

여기에 금리와 기회비용까지 고려한다면 손실이나 마찬가지다. 아쉬운 점은 비사업용 토지로 매도하였다는 점이다. 사업은 어려워지고 시간적인 여유가 없다 보니 방치한 결과 세금 폭탄을 맞은 것이다.

땅 투자는 많은 세금과 부대비용이 많기 때문에 이런 비용까지 감안하여 실익을 따져야 한다. 세금이 점차 강화되고 있어 앞으로는 남고 뒤로는 손해 보는 경우가 있을 수가 있다는 점에 유의하여 세후 수익률까지 고려하여 투자하여야 한다. 지목변경이 돈 된다고 하여 무조건적으로 지목을 변경하는 것이 아니라 지목변경 전후의 수익을 비교해야 하고, 비사업용 토지는 사업용 토지로 전환하여 양도 부담을 덜어야 한다. 농지 및 임야 전용 역시 타이밍이 중요하고 건축 허가를 득할 때에는 2년 이내에 착공하여야 부대비용이 발생하지 않는다. 세금을 줄일 수 있는 방안은 모두

줄인다는 자세로 절세와 친하게(?) 지내는 것이 좋다.

초보 투자자들은 자랑하기를 좋아한다. 예를 들면, 어느 지역에 투자하였는데 얼마 올랐더라 하면서 성공 무용담을 늘어놓는다. 주위 사람들의 축하의 말을 들을 때면 우쭐해져 금방 부자가 될 것 같은 기분이 들기 마련이다. 그러나 고수는 투자를 자랑하지 않고 조용히 투자 수익률을 극대화하기 위해 최선의 노력을 한다. 그들은 투자수익률을 극대화하는 노하우를 쌓기까지 무수한 시행착오를 경험하였다. 그런 이유로 그들은 조용히 계산기를 두드리며 또 다른 투자를 준비하고 있는 것이다.

1년 동안 얼마 벌었다, 현재 기준으로 얼마 벌었다는 등 매도하기 전에 희희낙락하기보다는 미리미리 준비하여 매도 시 제2의 투자도 생각하는 여유를 가져야 한다. 투자자로서, 살아남기 위해서는.

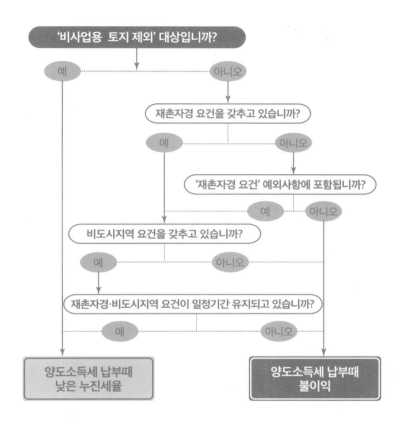

내가 보유한 농지, 사업용 농지로 인정 받을 수 있을까?

10
나만의 투자 네트워크를 구축하자

땅을 매도하면서, 매수하면서 상담을 의뢰하는 사람이 늘어가고 있다. 고객들은 현장답사 없이 아는 지인의 소개 혹은 현지 중개업소 소개로 땅을 매수하였는데 땅의 가치를 재평가 해달라는 것이다. 십중팔구 문제가 있는 땅 들이다. 든든한 마음으로 오랜 기간 동안 보유하고 있었는데 각종 규제로 인해 개발가치가 없는 땅들이 대부분이다. 그만큼 주먹구구로 땅 거래를 하는 것이다. 최근에 들어서야 기획 부동산의 사고를 방지할 수 있고, 투자자의 눈높이도 높아져 거래 사고는 많이 줄었지만 아직도 잘못된 땅 투자로 상담이 계속 진행 중이다.

분업화 시대에 모든 일을 혼자서 처리하기란 불가능하다. 부동산 투자 역시 마찬가지다. 단순하게 "감"만으로 투자하는 시대는 과거의 유물이 되어버린지 오래다. 세금의 대중화를 이룬 것이 아마 부동산이 아닐까 싶을 정도로 절세를 위해서는 세무사 또는 회계사의 컨설팅이 필요하고, 법률적인 문제에 있어서는 변호사 등 법률전문가의 컨설팅이 필요하다.

인생 최대의 쇼핑인 부동산 투자의 컨설팅은 누구에게, 어떤 정보들을 받아야 하는 것일까?

전 재산이 걸려있는 투자에 있어서는 컨설팅이라는 개념이 익숙하지 않아 누구에게 받아야 하는지 선뜻 떠오르지 않은 것이다. 일반인들은 빠르고 정확한 정보를 얻기란 쉽지 않다. 거시적이고 광범위한 정보는 언론 상에서 쉽게 접할 수 있지만 세부적이고 상세한 정보는 현지의 중개업소 또는 이장, 현지인을 통해 얻을 수밖에 없다. 즉, 돈 되는 정보는 이들에게 있다고 해도 과언이 아니다. 문제는 이들과의 교류가 쉽지 않은 데에 있다. 시간적으로 여유가 없는 도시인들이 이곳에 방문하여 정보원을 만들기란 여간 어려운 일이다.

그렇다면, 어떤 방법으로 정보원을 확보할까?

한 번을 방문하더라도 현지답사에서 가장 공을 들여야 하는 것은 현지인과 교류하는 것이다. 일부 투자자들은 업무적으로 딱딱하게 접근하는데 이는 접근 방식에서 잘못되었다. 먼저 마을 이장이나 설계사무소, 중개업소를 방문하여 밀접한 관계를 유지하면서 좋은 투자처가 있으면 알려 달라고 귀띔하는 것이다. 신뢰로 첫 거래의 물꼬를 트면서 법정 수수료 외에 덤까지 후하게 지불한다면 지속적으로 정보를 제공받을 수 있게 되는 것이다.

아파트 투자에 익숙한 투자자는 법정 수수료를 운운하지만, 지방에 있는 땅 투자는 발품과 확인하여야 하는 공부 서류가 많아 법정 수수료만으로는 비용을 대기가 어렵다. 그런 이유로 땅 투자로 성공하기 위해서는 수수료를 아까워하지 말라는 고수들의 말을 곱씹어 볼 필요가 있다.

최근에 들어서야 토지를 매도 혹은 매수하기 전에 전문가의 힘을 빌어 컨설팅하는 사례가 늘고 있다. 예전에 비해 공법 사항과 규제사항이 너무나 복잡하여 일반 투자자들이 해석하기에는 많은 시간이 소요되기 때문이다. 컨설팅이란 정보 분석과 함께 공법상의 규제사항과 입지분석을 통해 리스크를 최소화시키는 일련의 행위다. 바로 재산과 직결되는 것으로 전문가를 활용하는 것이 백번 낫다는 것이다. 전문가는 일반인들이 모르는 땅 투자의 노하우와 경험을 갖추고 있어 활용하기에 따라 기대 이상의 수익을 얻을 수 있다.

나만의 투자 네트워크를 확보할 필요가 있다. 세무사, 법무사, 공인중개사, 주거래은행, 설계사무소, 그리고 부동산 전문가와의 교류는 소중한 재산을 지키는 지름길이 될 것이다.

자신 고유의 일을 하면서, 부동산 투자를 병행한다는 것은 쉽지 않은 일이다.

나만의 투자 네트워크, 얼마나 확보되었는가?

임장하신다구요? 이것만은 확인!!

구분	항목	체크사항
거주여건	**토지현황조사** 진입로	-차량 진입의 용이성 -건축법상 4m 도로 확보 여부 -진입로 포장방식 및 주차 가능성 용이 여부
	경사도	-대지조성 상태 -절토, 성토, 옹벽설치 등의 필요성 검토 -배수로 작업, 부대 토목공사 계획 검토
	지질조사	-경암, 풍암, 습지, 연약지 등 토지지질에 대한 검토
	향후토지 이용계획	-주택의 배치, 조경시설, -우수관로, 오배수관로, 소하천 등 -지하수개발, 정화조위치 / 전기 및 수도 인입 시설
	공사진행 용이성	-대지주변 공사장애물 존재유무 -민원발생 소지
	자연환경 일조권	-남향 방위확인 및 일조량 확보
	조망권	-방향에 따른 조망권 여부
	풍향	-주택의 자연환기, 통풍, 굴뚝 위 배연
	교통 및 입지 조건 교통	-교통의 편리성과 주변교통정비 상황 -인접 대도시와의 관계(광역권 계획 검토) -계획도로 등 확인(도시기본계획)
	입지조건	-대지 주변 혐오시설 및 위험시설의 유무 검토 -철로, 사격장, 공동묘지, 분뇨처리장 등 혐오시설의 존재유무 검토 -고압선, 가스 및 위험물 저장소, 예비군훈련장, 해안(풍토), 석산주변(수질, 대기오염) 급경사지, 축산업 및 구성비율
	사회문화	-교육시설, 의료시설, 공공시설등의 유무 -주민들의 성향 및 개발의지, 호응도
투자여건		-해당 지역의 발전과정과 향후 개발계획 검토 -개발 제한 여부 등 공법적인 규제사항 검토 -레버리지 효과 검토 -투입비용에 대한 사업성검토 및 타당성 여부 확인 -매수, 매도 타이밍 및 환금성 여부

대한민국에서 땅 투자하기

내공쌓기

II

11

토지투자 초보자들을 위한 내공 쌓기

토지투자, 많이 어렵다.

수 많은 법률로 촘촘하게 묶여 있어 전문가들조차 구분하기 어려워졌다. 하루에도 수 많은 법률 폐지와 개정이 있음을 법제처를 통해서 알 수 있다. 살아 숨 쉬는 유기체가 어디로 튈지 아무도 모른다고 하면 조금 억지 일까?

필자 역시, 개발호재를 분석하고 미래가치를 확인하면서 시세차익을 기대하고 투자하던 시절이 있었다. 하지만, 최대의 적은 국가(?)의 시시각각으로 변하는 정책과 카멜레온 같은 개발호재들로 가슴을 졸이면서 쐬주 한 잔으로 지샌 밤이 셀 수 없이 많았다.

첫 번째, 지역의 편견을 버려라. 즉, 지역을 차별하지 말자

예전에는 코엑스나 교통회관 등에서 세미나를 진행하면, 부산에서 제주에서 돈 되는 정보를 듣기 위해 상경하곤 하였다. 그만큼, 정보가 돈이였고 타이밍이었기 때문이다. 당시는 정보 부재로 직접 답사하지 않으면 알 수 없는 정보이고, 한 발짝 늦게 투자한다 싶으면 잘못된 판단으로 기획 부동산에 투자하던 시절이었다.

필자 역시, 당시에는 필자만의 정보인 줄 알고 2중3중으로 보안을 유지하였던 기억이 있다. 지금 생각하니 우습다.

이제는 지방자치시대인 만큼, 어느 지역이든 호재가 있고 악재가 있다. 예상대로 호재를 이어가기도 하고, 하루아침에 달라지기도 한다. 즉, 지속적으로 상승하는 토지나, 계속적으로 하락만 하는 토지는 이제는 없다고 봐도 무방할 정도다. 오히려, 토지를 어떻게 접근하느냐에 있지 않나 생각된다.

물론, 우리는 최소한의 총알을 가지고 최대의 효과를 찾기 위해 노력을 많이 하여야 한다. 예전에는, 묻지마 투자라는 부동산 공화국에 어울리게 아무 곳이나 투자하여도 오르던 시절에는 따로 노력이 필요하지 않았다.

이제는 아니다. 아마도, 평생 공부해야 하지 않나 생각된다. 앞서 언급하였듯이, 부동산 관련 법률이 살아 숨 쉬는 생물체와 같아 어디로 튈지 모르기 때문이라는 표현이 가장 적절하다.

절대적인 지역은 없다. 지역의 편견을 벗어야 토지 투자로 성공할 수 있다. 앞서 언급하였듯이 판교신도시, 광교신도시가 이렇게 되리라고 생각하였나? 아니, 양재 말죽거리가 이리 될 줄 알았나?

꾸준히, 본인이 잘 아는 지역 2~3곳과 전국적인 지역 1~2곳만 정해서 그 지역의 개발축과 밑그림을 이해하도록 노력하는 것이 훨씬 중요하다.

도시 성장의 진행과정은 어느 지역이나 유사하다. 한 지역만 제대로 알아도 응용이 가능하다. 4~5곳만 정해서, 집중적으로 공부해도 승산이 있다는 것이다.

예를 들어 보겠다. 예전에, 토지 강의를 진행하다 보면 현장답사 시간을 기획한다.

첫 번째 답사, 경기 광주 답사 시간에 처음 오시는 분들은 필자의 말씀을 열심히 메모를 한다. 성공하겠다는 투지로 누구보다 열정으로 말이다. 또 다른 일정에 용인 현장답사 시간을 준비하면, 그분 또한 참석해서 열심히 메모를 한다. 당진투어 답사 시간을 준비하면, 또 열심히 적어간다. 무조건 돈을 벌겠다는 의욕으로 말이다.

그런 연후 그분은 이렇게 이야기한다.

"현장을 여러 군데 다녔는데 그놈이 그놈이고 지역만 틀렸지 보는 과정은 대동소이한 것 같습니다…"

또 다른 현장, 양평에 답사 갔는데 이번에는 제일 뒤에서 친구들과 삼삼오오 나들이(?)하는 마음으로 여유와 함께 식도락의 즐거움에 관심을 두게 된다.

왜 그럴까? 눈치가 빠른 분은 아셨겠지만, 어느 현장에 가도 동일한 패턴이기 때문이다. 시세 파악하고, 투자금액은 얼마고, 향후 어찌되고 도로는 접하고 개발은 어쩌고저쩌고 등등 거의 유사하다. 결국, 의욕적으로 돈 좀 벌어볼까 했는데 머가 먼지, 혼란만 가중되고 결국 땅이라는 것에 대해 아련한 추억만 생기기 마련이다.

여기서, 중요한 것은 지역을 차별하지 말고, 자신이 잘 아는 지역 한 놈(?)만 패면(?) 된다. 영화 친구에서 유오성 씨의 명 대사, "나는 한 놈만 팬다 ~~."

여기저기, 기웃거리는 것보다 최소한의 관심 지역 몇 군데만 정하고 집중적으로 정보를 취합하는 것이 초보자에게는 더욱더 중요하다.

두 번째, 투자 목적과 용도를 결정해야 한다

이 단순한 진리는 누구나 잘 알고 있다. 당연한 것이 아니냐면서…

그런데, 직접 투자하려고 계약서를 쓰는 당사자가 된다면, 혼란스럽다. 결국, 시세차익은 다른 부동산보다 커야 하고 안전성은 100%, 환금성은 언제나 가능해야 한다고 한다. 이것이 참으로 어려운 일이다.

도대체, 이런 공식이 가능한가? 필자 역시, 위 공식에 대입하기 위해 발에 땀이 나도록 보고 또 보고, 그리고 또 보았지만, 항상 부족함이 있고 오히려, 후회한 적이 많다. 거래만 많았지, 지금 보니 빈 수레가 많은 것이다.

중개하시는 분들, 정말로 대단하다. 이런 과정을 뚫고 계약서를 작성한다. 필자 기준으로 괜찮은 땅을 소개하면 투자자는 위 공식에 대입하여 확인 차 문의하면 망설여지는 때가 한두 번이 아니다. 계약해야 되나, 말아야 하나 고민이 되지 않았다면 거짓이다.

지금으로부터, 10년 전경 광주 부발역 인근에 투자하신 분이 있었다. 그분이 어느 날 갑자기 매도해달라고 한다. 기억이 가물가물하여, 현장에

가 보았는데 이게 웬일~

그동안, 이 투자자도 한 번도 가보지 않아서 땅이 거의 죽은 상태가 되어 있다. 땅속에, 폐유가 있고 곳곳에 움푹 패인 상태다. 최악의 경우다. 깜짝 놀라, 도대체 왜 그런 것이냐고 서로 묻고…

부발역 시장이 좋은 때는 신경 안 쓰고 있다가, 하락기에 다른 목적으로 처분하려고 하니 난감하기만 하다. 이것을 제대로 땅 다운(?) 모습으로 만들기까지 고생 많이 하였다. 토목공사(?)를 대대적으로 하였고, 시간도 많이 걸렸다. 투자자는 돈 들어가는 것이 너무 아깝다는 말만 되풀이하고.. 최소한의 비용으로 흉내만 내고 끝냈다.

나중에 알아보니, 매도하였다고 한다. 그 땅을 매수하신 분은 어떤 분일까 생각도 하지만 곧 잊고 지냈지만, 아마 고생 꽤나 하였을 것으로 생각된다.

정리하자면, 토지를 투자할 때는 어떤 용도로 사용할지 정해야 한다. 만일 집을 지을 것이라면 건축행위가 가능한 토지를 사야 한다. 주말농장으로 사용하신다면 집과 가까운 곳에 농지를 사는 것이 좋다. 상당히, 현실적으로 접근해야 함은 당연하다.

투자가 목적이라면 시세차익이 생길 수 있는 곳으로 미래가치가 있는 지역으로 5년 후 이상을 봐야 한다. 토지투자 초보자라면, 투자 목적을 분명히 하고 접근함이 좋다. 단순 투자가 목적이라면, 금융비용을 최소화하고 연금보험에 가입하였다고 생각하고 접근하심이 심신에 좋다. 투자는 즐거워야 한다는 것이 필자의 투자관이 되었다. 개발을 염두에 두신다면, 공부 많이 해서 실력으로 돈을 버는 방법을 택해야 할 것이다.

투자목적과 보유기간, 절대적으로 중요하다. 초보투자자에게는 아주 어려운 과제다. 때론 우뇌가 필요할 때가 있다.

세 번째, 공부를 많이 하여야 한다. 정말 많이 하여야 한다

초·중·고 12년, 대학교 4년, 직장에서의 승진 시험, 공부만 한 것이 몇 년 인데 또 공부한다고?

하지만, 또 또 공부하여야 한다. 오히려, 더 많이 공부해야 한다. 이제는 공부가 돈인 세상이다. 정보보다 더 중요하다. 정보를 돈으로 연결하는 공 부가 필요하다. 공부가 아니면 꽝이다. 오죽하면, 지식과 지식을 풀어가는 지혜가 최고의 재산이라고 할까?

기가 막힌 사실을 예를 들어 보겠다.

완충녹지는 입지가 괜찮은 곳에 있기에, 한눈에 마음에 들기 마련이다. 가격이 저렴하다고 하여, 덜컥 계약한 분이 있다. 그것도 중개업소 통하 지 않고 법무사 통해서 쌍방 계약으로, 그다음은 난리블루스다.

농지를 구입하고서, 사후 처리 절차를 진행하지 못해 고생하신 분들은 비 일비재하다. 농지취득자격증명서 발급, 농업경영계획서, 농지원부, 일반 소유상한 초과농지 소유 인증서, 주말농장, 처분명령 및 이행강제금, 재촌 자경, 농업인 등등… 아무런 지식 없이, 진행하는 사람들이 많다. 그래도, 중개업소를 통해서 계약하였으니 소유권이전이야 어찌어찌 되었지만 참 으로 걱정된다.

현재의 "국토의 계획 및 이용에 관한 법률"이 2003년부터 시행되었다. 이 법률이, 토지투자에 있어 획기적인 전환점을 가져다주었다.

예전에는 "토지이용관리법"이 있었는데, 이 법률은 토지를 이용하면 토지를 관리해 주겠다는 법이었다. 때문에, 묻지마 투자가 가능하였던 것이고 그 여파로 난개발이 이루어지고, 소위 집장사가 돈이 되었다. 그때는 땅만 사두면, 알아서 상승하던 시절이었다.

이제는 불가능하다. "국토의 계획 및 이용에 관한 법률"은 "선계획 후이용"이다. 즉, 정부가 토지를 계획하고 있으니, 그 계획에 맞게 이용하라는 것이다. 토지를 국가에서 계획하고 있으니, 공부해야 한다는 것이다. 국가계획과 토지이용계획을 정확히 이해해야 돈이 된다는 것이다.

실제로, 토지 투자의 내공이 있다는 분들도 법률의 해석과 실무의 연결고리를 못 푸는 것을 많이 보았다. 공인중개사에서 배운 지식으로 접근하시어 낭패를 보기도 한다.

필자 역시, 무지하게 많이 공부하고 있다. 끝이 없다. 이제는 범위를 줄여서, 공부하는데도 양이 많다. 예전에는 재개발, 재건축, 세금, 경매, 특수부동산 등등 모든 것을 다 커버할 수 있었는데… 지금은 Knock Down !!

한편으로, 필자의 무게감을 알게 되었다. 필자가 아는 지식이 잘못될 수도 있고, 특정 분야에서는 필자보다 뛰어난 분이 계신다는 것을 알게 되니 자연스럽게, 말을 아끼고 있다.

토지라는 것이, Case By Case이고 지역에 따라 달리 적용된다는 것을 누구보다 잘 알기에 더욱 그렇다. 쓰레기봉투가 동네마다 다르듯이, 똑같은 조례가 없다. 바로 옆 동네에서 적용하고 있는 조례와 내가 살고 있는 동네의 조례가 다르다. 대표적으로 주차장 관련 법률이 있다. 그 이외에도, 무지하게 많다. 어느 특정지역에서, 개발하였던 경험은 새로운 지역에 가서 목소리 크게 질러봐도 현지 개발업자에게는 말짱 꽝이다. 조용히, 지켜보고 배우는 것이 신상에 좋다.

필자 역시, 생소한 지역에 가면 제일 먼저 만나는 분들이 있다. 설계사무소, 공인중개사, 인허가 담당 공무원, 현장소장 그리고 이장 등등.

설계사무소 아주 중요하다. 예전에는 전국구 설계사무소에서 커버가 되었지만, 이제는 너무나 다른 조례로 인해 해당 지역 설계사무소와 손잡는 것이 효율적일 수 있다. 허가 담당자와의 커뮤니케이션도 그렇고, 서류 미비에 대한 대처도 빠르다. 물론, 투시도, 조감도, 모형도, 색채감 등은 전국구가 뛰어나지만.

그럼, 어찌해야 할까?

앞서 말씀드린바, 한 지역을 집중적으로 공부하고 응용할 수밖에 없다. 아니면, 해당 지역 전문가와 소통이 있어야 한다. 이것 또한 지혜다.

결론적으로 공부해야 한다. 그것도, 서울대(?) 갈 수 있을 만큼 말이다. 생각해보자. 예전에는 경매, 어려운 분야였다. 지금은? 어려움이 예전보다 없어졌다. 오히려, 유치권, 법정지상권, 지분경매 등등 특수물건을 공부해야 승산 있는 세상이다. 부동산 지식의 흡수력은 우주 최강이다. 토지, 개발 등의 부동산도 예외는 아니다.

네 번째, 토지 투자는 여윳돈으로 하여야 한다

땅이라는 것이 참 특이하다. 손이 많이 가고 발로 많이 다듬어줘야 가치를 발휘한다. 명동 땅은 1년에 몇 명이나 밟을까? 강남땅은 1년에 몇 명이나 사람들이 오갈까? 필자가 보는 땅의 시세는 이렇게, 사람들이 많이 밟는 곳으로 비교한다.

사람들이 많이 밟을수록 땅은 비싸다는 것이다.

해당 토지를 구입하고, 1년에 3~4번 밟는 토지와 수백 번 밟는 토지를 비교하면 어느 것이 비쌀까? 그만큼, 많이 발로 다듬어줘야 하는 것이다. 이렇게 시간이 오래 걸리는데, 당연 여윳돈으로 시작해야 하지 않을까? 비교가 억지인가?

욕심이 화를 부르고, 너무도 바쁜 세상에 살다 보니 거리가 먼 지역에 방문하는 일이 갈수록 줄어들고 있는 것이 현실이다. 그래서, 마지막으로 투자자들에게 강조한다. 차로 2~3시간 이상 걸리는 곳은 피하라고, 거리가 멀면 10번 갈 곳을 1~2번 방문하게 된다.

여윳돈으로 투자하지 않으면, 시간에 쫓기기 마련이다.

투자와 시간을 비교하면 누가 이길까? 당연히, 시간이 이긴다. 시간적인 여유가 있는 투자는 반드시 이기게 되어 있다. 극단적인 표현이지만, 2000년 중반에는 기획 부동산이 극성이었다. 아이러니하게, 지금은 그 기획부동산의 땅이 금싸라기로 변한 곳도 있다. 그렇게, 마음 졸이고 애환이 많았는데 효자가 될 줄이야.

보상을 받기 위해, 다 쓰러져 가는 집에 살면서 시간을 기다리는 자는 이겼다. 마음이 급하여 손절매 하시는 분들, 지금은 땅을 치시는 분들 많다. 과거에는 말이야…소야…하면서.

시간을 이기는 투자는 없다.

여윳돈을 가지고 투자하되, 많이 손으로 발로 사랑을 주라는 것이다. 사랑을 받을수록 땅은 이뻐지고 주인에게 보답한다. 다 쓰러져가는 집에, 노인 부부가 살고 있었다. 자식들은 노심초사하고, 다른 집으로 이사 가기를 권유하지만 노인 부부는 싫다고 한다. 어느 날, 몸이 불편하여 이사를 할 수밖에 없었다.

이사한 후, 한 달이 되지 않아 집은 완전히 폐가가 되어 기둥이 부서지고 살 수 없는 공간이 되었다. 집도 사람이 살면 희한하게 제구실을 하는데 공실이 되면 왠지 집 구실을 못하는 것을 많이 보았을 것이다. 집 짓는 사람들은 안다. 손이 많이 가야 가치가 있다는 것을 말이다.

땅, 많이 사랑해 주셔야 한다. 특히, 초보 투자자들은 더욱더 사랑하여야 한다.

왕년에, 3년에 2배 벌었네 5년에 3배 벌었네 하는 이런 말 듣지 말자. 왕년과 지금의 부동산 컨디션은 아주 판이하게 다르다. 즉, 왕년의 성공케이스를 따라 하다가는 쪽박차기 좋은 세상이라는 것이다.

시간을 두고, 여유 있게 투자하는 것. 초보자에게는 금과옥조로 삼아야 할 것이다.

12

토지 투자의
오해

계획관리지역 땅이 무조건 좋다(?)

토지 강의나 컨설팅 또는 현장답사를 하다 보면, 생산(보전)관리지역이나 자연녹지지역, 농림지역 등등과 비교하여 계획관리지역이 무조건 좋다는 이야기를 듣곤 한다. 그런 이유로, 계획관리지역의 소규모 땅을 1~2억 원에 매입하는 경우를 종종 보게 된다. 투자는 본인들의 의사에 따라 결정하는 것이기에 웃으면서 박수를 쳐주고 있다.

하지만, 왜 그럴까에 대한 의문은 항상 있다. 십중팔구, 상담을 해보니 비도시지역에서 건폐율이 40%이기 때문에 그리고, 음식점이나 공장 등 소위 돈 되는 땅이라는 것이다. 맞는 말이다. 땅을 매입하고, 향후 계획을 물으면 십중팔구 전원주택을 계획하거나 시세차익을 기대하고 있다. 당연한 경제논리다.

그러면, 필자가 제안해보겠다. 전원주택을 계획한다면, 과연 계획관리지역 땅이 좋은 것인가? 해석에 따라 다를 수 있지만, 다른 관점에서 보겠다.

자연녹지지역, 보전관리지역, 계획관리지역의 땅이 100평씩 있다고 가정하자.

자연녹지지역은 건폐율 20%, 용적률 100%이고, 보전관리지역은 건폐율 20%, 용적률 80%이고, 계획관리지역은 건폐율 40%, 용적률 100%다(조례에 따라 다를 수 있지만, 법에서 정한 내용이다).

100평의 땅이 있어, 전원주택을 신축하기로 한다면 자연녹지지역은 건축면적 20평에 연면적 100평, 즉 5층을 지을 수 있다. 보전관리지역은 건축면적 20평에 연면적 80평, 즉 4층을 지을 수 있고, 계획관리지역은 건축면적 40평에 연면적 100평, 즉 3층을 지을 수 있다. 건축면적의 나머지 땅은 마당이나 차고지, 밭으로 활용할 수 있다. 건폐율, 용적률을 꽉 찾아서 건축하였다고 할 때, 위와 같이 나올 것이다.

그럼, 어느 용도지역의 전원주택이 가장 효율적일까?

필자가 보기에는 거기서 거기 오십 보 백 보. 그런데, 가격은 어디가 제일 비쌀까?

물론, 지역에 따라 다르지만 아마도 계획관리지역이 다른 용도지역보다 2~3배 이상 차이가 있을 겁니다.

또다시 묻겠다. 어느 용도지역의 땅이 가장 좋은가?

전원주택에 관심 있는 분들과 현장 답사에 동행하다 보면, 녹지지역은 그래도 도시지역이기에, 인근에 주택단지와 생활권이 있어 관리지역보다 더욱 매력을 느끼시는 분들이 많다. 관리지역이나 농림지역은 비도시지역이기에, 약간은 외딴곳에 있어 적잖이 실망한다. 관리지역에 대한 환상이 있었는데, 시골이라 무덤덤해지는 것이다.

전원주택의 꿈이 있다면 용도지역으로 판단하여 비싼 계획관리지역의 땅을 매입하기보다는 접근성 및 도로 편의성 등에 따라 매입하는 것이 좋지 않을까?

실제로, 전원주택을 3층 이상으로 건축하는 경우도 많지 않다. 즉, 용적률을 다 찾아 건축하지 않는다는 이야기다.

필자가 보기엔, 많은 사람이 계획관리지역의 땅을 찾다 보니, 다른 용도지역에 비해 거품(?)이 아닌가 생각도 든다. 물론, 음식점 등 다른 용도로 건축하고자 할 때는 다르다. 계획관리지역의 100평을 매입하여 건축하기보다는 보전관리지역이나 녹지지역의 200평을 매입하여 건폐율은 최대한 반영하고 넓은 땅을 보유하는 여유는 어떨까?

땅 박사님 아닌가요?

토지 강의 및 컨설팅, 개발, 분양, 중개 등을 한 지 꽤 오래되어서 그런지 필자에게 문의가 많이 들어온다. 문의 중에, 참 당혹스러운 이야기를 해볼까 한다.

어느 날, 전화가 온다. 따르릉~~따르릉~~

"문의가 있습니다. 당진 송악IC에서 나오면 차로 5~10분 정도 가면 한진리가 있습니다. 한진리에 들어가기 전 왼쪽에 슈퍼마켓이 있고, 그 뒤에 뒤에 감나무가 있는 데 감나무 옆에 붙어있는 땅이 있는데 투자가치가 어떨까요? 보유할까요? 매도할까요?"

그럼, 필자는 "………." 아무런 답변을 할 수가 없다.

수업 중이나 세미나 때는 바빠서서 상담을 못하고, 명함을 받아들고는 밤에 메일로 문의가 온다. "강원도 춘천시 ○○리 ○○-○번지, 500평이 있는데 투자가치가 어떤가요?

그럼, 또다시 저는 생무룩… ㅜ.ㅜ. 아무런 답변을 할 수가 없다. 왜 그럴까? 그 부지에 대해 아는 것이 없기 때문이다.

많은 분들이 주택, 특히 아파트 투자에 익숙해서 도곡동 타워펠리스, 동부센트레빌, 압구정현대아파트 등등을 전문가들에게 문의하면 척척 상담하고 원하는 답변을 얻는다. 그래서, 토지 박사들(?)도 해당 지역의 땅에 대해 무엇이든 물어보면 척척 답변해 주는 줄 안다.

땅이라는 것이, 1년 전에 아니, 지난 계절에 다녀와도 상황이 다를 수 있는 것이 땅이다. 전문가들도 손오공도 아닌데, 위치(지번)를 알려주면 전문가들도 알 수가 없다.

지번을 알려주면 현장에 다녀와서 알려달라는 이야기… 어찌하리오~~

그때마다, 정중하게 답변드린다.

"저는 땅 박사가 아닙니다. 죄송합니다. 해당 부지에 대해, 선생님보다 모르기에 답변을 드릴 수가 없습니다…"라고…

맞다. 땅은 개별성이 강하기에, 해당 지역의 땅은 그 지역에 종사하는 공인중개사나 이장, 뜸방들이 훨씬 정확히 알고 있다. 필자 역시, 해당 지역에 가면 신뢰할만한 분을 먼저 찾는다. 그리고, 해당 부지의 사연(?)을 듣는다. 그런 연후, 공적장부 확인과 문제점 등을 파악하여 해결방안을 찾는데 노력한다. 해결하는 데 때로는 1주일, 때로는 1년 이상 걸리는 경우도 있다.

평단가가 저렴한 땅이 좋은 것이 아닌가요?

자본주의 사회에서, 보다 저렴한 부동산을 매수하는 것은 중요하다. 때문에, 경매나 급매가 인기 있는 이유이기도 하다. 아파트, 상가, 수익형부동산 등 발품을 팔고, 손품을 팔아 보다 저렴하게 구매하는 것은 당연한 재테크 공식이라 할 수 있다.

"땅은 가격(시세)이 따로 없다"라는 말이 있다.

예들 들어보겠다.

도로에 인접한 토지와 그렇지 않은 토지가 바로 붙어 있어도 시세는 2배 이상 차이 나는 경우는 일반적인 예라 할 수 있겠다.

보다 구체적으로 도로 및 지역이 동일하다는 전제하에 200평이 3.3㎡당 100만 원씩 하여 2억 원하는 토지(A)와 2,000평이 3.3㎡당 80만 원씩 하여 16억 원하는 토지(B)가 있다. A와 B중 어느 토지가 더 좋은 것일까?
일반적인 논리 하면, B가 3.3㎡당 80만 원씩 하니 더 좋다고 하는 것이 당
연하다.

후일 3년…5년 후에 2배 상승하여 매도할 때가 되었다. 그럼, 어느 것이
좋은 것인가? 세금은 변론으로 하고, A는 4억 원이 되었고 B는 32억 원이
되었습니다. 단순 셈법으로 하면 B토지가 성공한 것이다.

그런데, A와 B 토지 중 어느 토지가 매도하기 용이할까?
자금 회전이 좋은, 즉 환금성이 좋은 A토지가 훨씬 용이하다. B토지는 분
할이나 개발하지 않고서는 매도하기 쉽지 않을 것이다. 결국, 매도하기
위해 리모델링을 할 수밖에 없거나 시세보다 저렴하게 하여 매도할 수 밖
에 없을 것이다.
심지어, 최초 매입한 금액과 거의 비슷하게 매도하는 경우도 있다.

그럼, 무엇이 중요한가?
매도할 때, 팔릴 수 있는 환금성이 중요하다. 많은 분들이 이야기한다. 토
지는 환금성이 부족하다고. 그 이유를 곰곰이 생각하면, 이유가 있지 않
을까?
투자를 고려한다면, 3.3㎡당 저렴한 10억 원의 토지에 몰빵(?)하기 보다
는 3.3㎡당 조금 비싸더라도 4~5곳에 분산투자하는 지혜가 필요하다.

13

토지도
리모델링이 있다고?

2003년 1월, 국토의 계획 및 이용에 관한 법률이 시행되었다. 이 법은 국토의 이용·개발 및 보전을 위한 계획의 수립 및 집행 등에 관하여 필요한 사항을 정함으로써 공공복리의 증진과 국민의 삶의 질을 향상하게 함을 목적으로 한다. 선계획 후개발 체제를 도입하여 난개발을 방지하여 체계적인 국토개발의 의지를 담은 것이다.

이 법률에 의해 땅 투자의 패러다임은 변하였다. 즉, 과거에는 개발이 진행되면 정부에서 관리하는 체제였다면 이제는 계획과 토지 이용 목적에 적합하지 않다면 개발행위허가 및 건축 허가를 내주지 않는 것으로 내 땅에 마음대로 개발행위를 할 수 없게 된 것이다.

이런 개발행위를 못한다고 하여 방치하여서는 안 된다. '20년간 소유의 의사로 평온, 공연하게 부동산을 점유한 자는 등기함으로써 소유권을 취득한다.'는 민법 제245조에 의해 소유권을 빼앗길 수도 있고 적절한 권리행사를 못 할 수도 있다. 따라서 경계를 명확히 하고 임대차계약으로 소유권을 확실하게 하는 것도 땅을 가꾸는 기초적인 일이다.

현장답사를 하면서 알게 된 김노인을 통해, 옥토(비옥한 땅)란 하루아침에 되는 것이 아니라는 것을 알게 되었다. 우연히, 돼지껍데기를 안주 삼아 소주를 마시면서 땅 관리의 노하우를 듣게 된다. 김노인은 자갈밭을 사서 돌을 모으고 쓰레기를 태우면서 다른 땅에서 버려진 흙을 가져와 성토하고 보기 싫은 땅은 절토하면서 땅을 가꾸기를 딸자식 키우는 맘으로 하였다고 한다. 그렇게 하기를 2~3년 반복하니 척박한 땅이 비옥한 땅으로 변하더란다. 비옥한 땅으로 변한 소중한 딸을 시집보내면서 또 다른 못난 딸을 사서 예쁘게 포장하다 보니 어느덧 현재의 자신이 되었다고 한다. 부자의 반열에 올랐지만 늘 검소함으로 생활하고 계시는 진정한 부자다.

땅을 보기 좋게 가꾸는 것은 남이 보기에도 근사하게 보여 높은 시세로 거래되기 마련이다. 누구나 접근하기 쉬운 방법으로 상기의 김노인처럼 잡초를 뽑고 땅을 고르게 만드는 등 땅을 단장하는 일이다. 남들이 보기에 보기 좋게 만드는 것만으로도 땅의 가치는 달라지는 것이다.

또한, 형질 변경 허가를 받는 방법을 생각할 수도 있다. 바로 건축을 할 수 있으므로 상품성이 상승하는 것이다. 토지의 형질변경, 즉 절토·성토·정지·포장 등의 방법으로 토지의 형상을 변경하거나 공유수면을 매립하는 경우 관할관청의 허가를 받아야 한다고 규정하면서, 경작을 위한 토지 형질 변경의 경우에는 예외를 두고 있다. 여기서 '경작을 위한 토지의 형질 변경'이란 이미 조성이 완료된 농지에서의 농작물 재배 행위나 그 농지의 지력증진을 위한 객토나 소규모의 정지작업 등 농지의 생산성을 높이기 위하여 농지의 형질을 변경하는 것을 말한다.

이외에도 화장(리모델링)하는 방법은 많다. 주변보다 낮은 땅이나 경사도가 있는 땅을 복토하거나 깎아 내는 방법도 있고, 맹지에 도로를 내서 쓸모 있는 땅으로 바꾸는 방법도 화장의 일종이다.

매도하기 좋은 땅으로 만든다는 것은 남들이 보기에도 좋은 땅이다. 내 눈에 마음이 들지 않는다면 다른 사람의 눈에도 마음에 들지 않는 것이고, 내 눈에 마음에 들면 자연스럽게 다른 사람의 눈에 마음에 드는 것은 당연한 것이다. 내 눈에 마음에 들 정도로 예쁘게 만드는 것이 중요하다. 주택도, 깨끗하여야 잘 팔리지 않은가?

땅 투자자들은 '쓸모없는 땅이란 없다'라는 사실을 알고 있다. 다만, 그 땅이 보석이 되기까지는 시간이 필요하다는 것이다. 땅은 원자재이기에 시간이 필요한 상품이다. 보석으로 만드는 과정, 리모델링이라고 알려진 화장법으로 시집을 보내는 기술이 토지투자의 첫걸음이라 할 수 있겠다.

1. 돌과 잡초를 제거하고, 유실수를 심는 방식으로 화장(化粧)해서 시집 보내라

아파트나 연립주택 등의 주택도 매물을 내놓으면서 보기 좋게 청소하고, 환기를 시키는 방식으로 보다 용이하게 거래를 유도하듯이 땅을 좋은 값으로 팔고자 한다면 먼저 땅을 잘 정돈하고 깨끗하게 해 둘 필요가 있다.

단순하게, 밭의 잡초나 쓰레기들을 제거하는 것만으로도 땅은 보기 좋게 변한다. 폐비닐이나 깡통·유리병 등 쓰레기를 치우고, 꾸불꾸불한 도랑은 보기 좋게 정리해 준다. 또한, 외관상 흉물처럼 보이는 창고 등의 저장고는 멸실시키는 것이 좋다.

나대지나 농지 등이 빈 땅이라면 나무나 유실수를 심어 두는 것이 좋다. 농지에는 매실, 모과, 살구, 자두, 배, 복숭아 등 유실수나 오가피, 두릅, 인삼, 도라지 증 약초류, 묘지나 골프장 혹은 전원주택 마당 조성용으로 금잔디를 심어 둔다면 외관상 보기 좋고, 부가수입과 함께 거래 시 좋은 인상을 받기 마련이다. 코를 자극하는 향기가 그윽한 농지는 인근 시세에 비해 비싸게 거래가 되는 것은 당연하다.

한마디로, 땅을 화장(化粧)하는 방식으로 땅을 가꾸는 것만으로도 20~30% 지가 상승.

2. 산속의 토임은 밭을 만들어라

토임(土林)은 토지임야의 준말로 원래 임야인데 화전민 등이 나무를 태우고 화전민 가옥을 지어 살았거나, 봉수대 및 봉화대 등으로 썼거나 혹은 묵전(오래 묵은 밭, 산비탈에 개간한 화전민 밭 등), 묵답(오래된 묵은 논, 천수답 등)인 경우가 많아 토지(전·답)처럼 사용되는 땅으로, 임야대장과 임야도에 등재되어야 하나 면적도 작고 현황상 농지처럼 보여 토지대장과 지적도에 등록 전환한 땅을 말한다.

개발 가능성이 있는 이 작은 임야, 즉 토임은 산지전용이 용이하기 때문에 전원주택지로 인기가 있다. 토임은 쉽게 농지로 지목변경(산지전용)할 수 있기 때문에 매도 타이밍에 맞추어 잡초를 제거하고 주변을 다듬어 밭으로 한다면 시세차익을 기대할 수 있을 것이다.

토임을 가지고 있는 경우 매수자의 다양한 활용성을 위해 그냥 놓아두어도 가치 있는 땅이지만, 용도지역에 따라 소재지에 따라 다를 수 있다는 점에서 무조건적으로 접근하여서는 안 되겠다.

3. 맹지에 도로를 내고, 도로 다운 도로를 만들자

도로에 전혀 접하지 않은 땅은 맹지라고 하여, 건축 허가가 나지 않으며 출입이 어려워 토지로서는 투자가치가 없는 것으로 보아 인근 도로변에 붙어있는 지가의 절반에도 못 미치는 가격을 형성하기도 한다. 시골 밭과 임야 중에는 이런 맹지가 비일비재하다.

토지에 진입도로가 있다 하더라도 비포장도로로 움푹 패인 곳이 많아 물이 고여 있는 상태의 형식상의 도로라든지, 주택을 짓기에 부적당한 폭 4m 이하인 도로라면 움푹 패인 길은 흙이나 자갈로 메워 주고 비포장도로는 시멘트 도로로 포장한다면 땅값은 순식간에 금싸라기 땅으로 둔갑한다.

길 같지 않은 길을 길로 만드는 작업이야말로 땅의 신분을 격상시키는 방법이다. 비용적인 부담이 있다면 해당 도로를 함께 이용한 인근 지주와 공동 부담할 수도 있고, 이장을 통하여 지자체의 지원을 받을 수도 있다.

4. 나대지보다는 비닐하우스나 건물을 신축해 놓는다

아무것도 없는 허허벌판에서는 웬만한 투자자 입장에서는 밑그림이 그려지지 않는다. 또한, 마음과 떨어진 위치라면 건축 허가에 따른 비용 산정에 따른 감(感)이 오지 않기 때문에 거래 성사율이 낮아진다.

이때, 1~2채 정도 전원주택이 들어선다면 투자자들은 꼼꼼하게 비교하면서 건축 허가 여부에 대해 안도감을 느낄 수 있게 되어 투자원금을 회수할 수 있다는 생각이 든다. 분양을 목적으로 하지 않는다면, 작은 건물을 짓는 것도 좋고 하우스 재배를 하여 전기, 수도 등을 인입하는 것이 좋다. 다만, 전원주택의 경우 감가(減價)의 속도가 빠르기 때문에, 홍보 마케팅과 함께 6개월 안에 분양을 한다는 계획을 가져야 한다.

5. 토지분할과 토지합병으로 땅을 구조조정한다.

분할은 지적공부에 등록된 1필지를 2필지 이상으로 나누어 등록하는 것을 말하고, 합병은 지적공부에 등록된 2필지 이상을 1필지로 합하여 등록하는 것을 말한다.

토지분할은 잘 팔리지 않는 땅 또는 한 덩치로는 팔기 어려운 커다란 땅을 좋은 값에 잘 팔릴 수 있게 만드는 토지 리모델링의 한 축이라고 할 수 있다. 절토 및 성토 작업과 병행한다면 땅의 가치를 높일 수 있는 고수의 작업이라 할 수 있다.

결국, 농지·임야·초지의 전용(轉用)과 지목변경으로 연결된다.

6. 법률상 하자 있는 물건을 완전한 상품으로 만들기

저당권이나 압류 등 사법상 제한이 붙어 있는 하자 있는 물건은 일반 거래시장에서는 보기 힘들다. 보이지 않는 권리인 유치권, 법정지상권, 분묘기지권과 묘지 등의 이장문제, 지분 공유의 권리, 오래된 축사, 낙찰받은 토지상의 무허가 건물과 짓다만 건물 등은 일반 투자자에게는 접근하기 어렵다. 그러나, 권리 분석을 잘 하는 유능한 토지 전문가는 이러한 하자 있는 물건을 완전한 물건으로 둔갑시켜 시장에 다시 내 놓아 높은 시세차익을 이룬다.

전문적인 토지 리모델링이라 할 수 있는 이 방법은 많은 노하우가 축적되어야 할 것이다.

14
안전하게 땅을 매수하는
투자법을 익히자

국토기본법에 의한 국토기본법, 수도권정비계획법, 국토의 계획 및 이용에 관한 법률에 의한 광역도시계획, 도시기본계획, 도시관리계획 그리고, 건축법, 주택법, 주택 공급에 관한 규칙, 산지관리법, 농지법, 농어촌진흥법 등 무수히 많은 법률 속에 구미에 딱 들어맞는 땅을 찾기란 여간해선 쉽지 않은 일이다.

국토의 계획 및 이용에 관한 법률에 의한 용도지역이 도시지역, 관리지역, 농림지역, 자연환경보전지역으로 4가지가 있다. 관리지역은 보전, 생산, 계획으로 분류되고, 경관지구, 고도지구, 보존지구, 시설보호지구, 취락지구, 개발진흥지구 등 수많은 용도지구가 있다. 여기에 개발제한구역, 시가화조정구역, 수산자원보호구역, 도시개발공원구역, 입지규제최소구역 등의 용도구역이 있어 나열하기에도 복잡하여 일반인들이 접근하기 어렵다. 현장에서는, 토지이용계획확인원, 토지(임야)대장, 지적도, 등기부등본을 확인하고 28개의 지목을 구분하는 등 관련 법률을 확인하는 것도 벅찬데, 지자체마다 조금씩 다른 법률 내지 조례를 만나면 정말 방법이 없다.

이리저리 뛰어다니면서 지자체의 각종 인허가 단체, 설계사무소와 전문 중개업소를 방문하여 관련 서류를 크로스 체크하면서 점검하여도 석연치 않은 이유는 무엇일까?

토지투자의 마침표는 단순 시세차익으로 묻어두기라면 모를까, 실수요에 맞는 개발 토지는 개발행위로서 특정 용도로 개발을 할 수 있어야 한다. 즉, 공장으로 건축하거나 전원주택부지로 전원주택을 지을 수 있어야 비로소 투자의 성공 단추를 끼우는 것이다.

땅이라고 하지만 그 위치와 모양과 형태가 각양각색이기 때문에 한마디로 '이런 땅을 사라'라고 말하기는 어렵다. 아울러, 사려는 목적이나 용도에 따라 접근하는 포인트가 다를 수도 있기에, 더더욱 어렵다. 물론 주택, 상가, 수익형 건물 등의 시설 건축물이 없어 장차 개발하고 이용할 수 있는 그런 나대지나 논, 밭, 임야를 매수하는 것이 리스크가 적을 수 있다. 그러나 동일한 나대지에서도 건폐율, 용적률이 다르고 지자체 제한이 다르기 때문에 역시 리스크가 존재한다.

그럼, 어떤 땅을 사야 리스크가 적단 말인가?
성공하는 투자자의 길로 들어서는 안전하게 토지를 매수할 수 있는 투자법을 소개한다.

1. 왜, 땅을 사는가를 알아야 한다.

땅을 사려는 목적은 크게 실수요자가 찾는 사용 수익의 목적과 보유 또는 개발 목적으로 사 두는 투자 목적으로 나눌 수 있고, 보유 기간을 3년 이내의 단기, 5년 전후의 중기, 10년 이상의 장기 목적에 따라 투자 기간을 분류할 수 있다.

땅을 사려는 목적이 무엇인지 상담을 하다 보면 십중팔구 수익률만 논하는 경우가 많은 데, 포인트를 정하는 것이 중요하다.

같은 땅을 보더라고 전원주택 용도로 접근하는 사람과 주말농장용으로 접근하는 사람, 단지 묻어두기로 투자하는 사람에 따라 다르기 때문에 왜, 땅을 사는지 반문해보자. 목적이 없다면, 땅에 대한 애정(?)이 적어 자기 땅으로 만드는 데 오랜 시간이 걸릴 뿐이다.

2. 어떤 땅을 사야 하는지 알아야 한다.

토지의 공법적, 물리적, 법률적 현황을 보고 판단할 수 있어야 한다. 토지의 공법적 내용이라 함은 땅에 관련된 공법적 제한과 규제의 내용을 파악하고 있어야 한다는 것을 의미한다. 각종 규제로 묶여 있는 가장 큰 이유는 땅덩어리가 좁기 때문이다.

국토의 계획 및 이용에 관한 법률, 수도권정비계획법, 개발제한구역 지정 및 관리에 관한 특별조치법, 농지법, 산지관리법, 초지법, 자연공원법, 수도법, 하천법, 도로법, 환경기본법, 장사 등에 관한 법률, 건축법 등의 관련 법률뿐만 아니라 같은 법의 시행령, 시행규칙, 고시, 공고, 훈령, 지침, 규정 등과 지방자치단체별로 조례, 예규, 지침 등이 즐비해 토지의 최유효 이용의 원칙에 적합한 용도를 찾기란 서울에서 김서방 찾기라고 비유할 수 있다. 물리적으로는 땅의 모양, 형태, 경사도, 토질, 경계, 지반, 앉아 있는 방향 그리고 사용 현황에 대한 관찰이 필요하다. 현장답사의 중요성이 다시 한번 강조된다.

땅을 보고 마음에 들지만 그 등기부 등본을 보는 순간 미련이 없어지는 경우도 있어 보이는 법률뿐만 아니라 보이지 않는 법률까지도 확인하여야 한다.

▶소유권자가 여러 명으로 공유 지분이 되어 있는 땅

▶수목이나 묘지, 건물 등에 지상권이 설정되어 있어 온전한 소유권 행사가 어려운 땅

▶무연고 묘지와 묘지 소유자의 완고한 주장으로 토지 사용에 애를 먹이는 땅

▶종중의 명의로 되어 있어 지루한 법적 공방이 예상되는 땅

▶소송(예고등기 등)이나 경매가 걸려 있는 땅

▶인근에 문화재가 발굴되어 오랜 기간 재산권 행사에 어려운 땅

▶압류 가압류 가처분 가등기 등이 덕지덕지 붙어 있는 정나미 떨어지는 땅

▶사망자 명의로 되어 있고 상속등기가 되어 있지 않아 소유권이전이 어려운 땅

▶다른 사람 명의로 명의신탁이 되어 있어 원 소유자를 찾기 어려운 땅

▶저당권 또는 전세권 설정 등 담보가 여러 채권자에게 과다하게 설정되어 있어 땅의 가치를 알 수 없는 땅 등은 일반 투자자라면 접근하기 어려울 것이다.

공법적으로 하자 없고, 물리적, 법률적으로 안전한 땅을 사는 것이 리스크가 없겠지만 때로는 자신만의 노하우로 공략하여 높은 수익을 올릴 수

도 있기 때문에 어떤 땅을 매수하여야 하는지 정확히 자신만의 기준을 세워야 한다.

3. 환경친화적인지를 알아야 한다.

땅 자체는 마음에 들고 조건이 좋지만 주위 환경이 좋지 않아 땅으로서 제값을 하지 못하는 경우가 수두룩하다. 땅의 개별적인 특징인 부동성으로 인해 자연의 변화에 그대로 순응할 수밖에 없는 데 인근에 혐오시설, 위험시설, 기피시설이 있다면 피하는 것이 상책이다. 쓰레기매립장, 하수종말처리장, 화장장, 공동묘지, 도살장 등의 혐오시설이 있는 경우나 유류창고, 주유소, 사격장, 화약고, 예비군훈련장등 위험시설, 대규모 축사, 양계장, 가구공장, 가죽공장, 공해유발공장 또는 비행장, 주차장 물류센터 등 대형차량의 입출입이 잦은 곳, 버스나 대형트럭의 종점이나 고압선 전주나 전선이 뻗어 있는 선하지 등은 땅값이 오르지 않는 대표적인 요인이다.

4. 토지투자의 제1순위는 접근성과 도로다. 도로를 알아야 한다.

토지 투자에서 가장 중요한 하나를 고른다면 도로와 오폐수 처리시설 가능 여부다. 도로가 없다면, 맹지로서 시세의 절반에도 거래가 힘들다. 길이 없으면 주택의 건축허가가 나지 않음은 물론 농사 등의 활용도 불편하며 향후 토지이용 개발은 그 자체로는 불가능한 땅이라고 할 수 있다. 아무리 지인 관계라 하여도, 사용승낙서를 쉽게 받을 수 있다는 생각은 버리고, 도로 여부를 확인하여야 한다. 물론, 법률적인 맹지는 확인하는 것이 좋다.

5. 거시적 호재(개발 가능성과 전망)가 있는지 알아야 한다.

개발 가능성이라 함은 당해 토지뿐 아니라 그 지역 또는 주변 환경의 개발전망과 투자회수 가능성을 포함하는 것으로, 고속도로나 지방 도로 또는 포장공사 등 도로 확·포장과 이에 관련된 인터체인지 신설·터널 개통 및 철도 노선의 신설이 있는 경우를 말한다. 대형 프로젝트는 그 추진에 그 지역과 주변의 많은 토지 수요를 유발하며 인구 유입을 촉진하고 향후 인접 토지의 지가를 상승시키는 좋은 호재가 된다.

장기간의 세월이 흐른 후에 맹지가 도로에 접한다든지 쓸모없던 임야가 도로 개설로 수용된다든지 또는 개발제한구역(그린벨트)이나 군사보호구역, 공원지역, 상수원보호구역 등이 해제됨으로써 토지의 이용 가치와 가격이 급등하는 사례도 종종 있어 개발의 길목을 잡는 것이 중요하다고 할 수 있다. 정부의 국토개발 기본계획과 개발정책을 예의 주시하면서 오랜 현장 경험에 의한 감과 함께 전문가의 교육 및 세미나에 참석하면서 거시적 호재를 확인하여야 한다.

6. 땅의 개별적인 특성을 이해하고, 장점을 발굴하여야 한다.

땅의 활용성에 완벽한 땅은 강남이나 명동의 상가나 아파트들이라고 할 수 있다. 그만큼, 모든 조건을 완비한 땅은 매우 드물고 거의 모든 땅은 단점이 있다고 보아도 무방하다.

전문가나 토지 개발업자는 목적과 용도에 절반 정도 적합하다고 판단하면 비교적 저렴한 가격에 구입하여 토지 리모델링을 통하여 쓸만한 물건으로 만들어 제값 또는 몇 배의 수익을 창출하기도 한다. 이렇게 돈을 벌어야 한다.

땅의 개별적인 특성을 이해한다면, 쓸모없는 산비탈에 근사한 펜션이나 전원주택 단지를 지을 수도 있고 별로 쓸데가 없을 듯한 높은 산 중턱을 깎아 자연친화적인 정신병원이나 기도원이나 납골당(봉안시설)을 만들기도 한다. 가격이 주변 시세에 비해 낮고, 개발 후 가치가 상승할 수 있다는 판단이 선다면 불가능한 땅이라도 가치 있는 땅으로 만들 수 있다. 개별적인 장점으로 토지도 상품화할 수 있는 것이다.

7. 며느리도 모르는 땅값의 적정한 시세를 알고 흥정하자.

흔히들, 땅값은 지주가 부르는 값이 시세라고 한다. 그만큼, 바로 옆에 붙어 있어도 땅값이 다를 수 있다는 말이다. 땅은 원하는 사람에 따라 평가가 다르고 다분히 주관적인 면도 개입되기 때문에 보는 사람에 따라 최고 3~4배 이상 차이가 날 수도 있다. 다른 토지로 대체할 수 없는 희소성이 있거나, 최적의 조건을 가진 입지라면 이웃해 있는 토지와는 지가 차이가 있을 수밖에 없다.

예를들면, 맹지 앞에 도로변과 접할 수 있는 토지나 국립공원 바로 밑의 개울가 남향 전원주택지, 이축권은 부르는 게 값일 정도로 인근 시세에 비해 높은 가격으로 거래되기 마련이다. 땅값을 알기 위해, 공시지가도 알아야 하고 최근에 거래된 시세, 매도호가, 도로 접근에 따른 가감보정의 원칙에 따라 시세를 알아야 할 것이다.

토지 고수라 함은 지자체별 골목길이나 대지의 평균 단가를 많이 아는 사람이라 한다.

자신만이 잘 아는 지역을 적극 공략하여야 하는 이유가 바로 여기에 있다.

8. 땅도 궁합이 있다. 끌리는 땅을 찾아야 한다.

자신이 마음에 들어도, 번번이 어그러지고 원치 않은 땅이 나에게 돌아와 효자 노릇 하는 것을 종종 보면 땅에도 궁합이 있다고 한다면 억지일까?

똑같은 땅을 보고서도 '갑'은 마음에 들고, '을'은 마음에 들지 않는 경우가 있다. 원하는 목적과 기호에 따라 다르고, 같은 토지라도 대지, 임야, 전답, 잡종지 등 대상물에 따라 다르다고 할 수밖에 없다.

또한, 개발 타이밍에 따라 달라지는 사례도 있다. 개발을 하고자 시도를 하였지만 번번이 인허가 과정에서 미끄러져서 포기하고 있는 상태에서 소유자를 달리하여 용도를 바뀌어 인허가를 받아내는 것을 보면 땅도 고집이 있는 것 같다.

마음에 드는 땅을 찾기 위해 여러 곳을 답사하면서도 유독 마음에 끄는 땅들이 나타나기 마련이다. 토지이용계획확인원 등의 공적서류와 함께 땅의 매수하려는 목적과 일치한다면 땅의 매입을 서두르는 것도 방법이다.

땅 투자에 성공하는 사람들의 이구동성은 땅을 보면 편안함과 안정감을 안겨준다는 것이다. 결론적으로, 자기에게 맞는 땅을 선택하는 것이 가장 잘 사는 것이라고 할 수 있다.

9. 일단 매수하였다면 장점을 부각시키는 노력하여야 한다.

시세에 맞게 혹은 저렴하게 매수하였다면 땅의 시세를 매수하는 순간부터 만들 수 있어야 한다. 인간이 태어나서, 말을 배우고 가르침 속에 성숙한 인간으로 변하듯이, 땅도 볼품없는 상태에서 출발하여 가치 있는 땅으로 만드는 인내가 필요하다.

완전한 장점만 있는 땅은 없다. 단지, 그 단점을 상쇄하고 장점을 부각 시키는 노력이야말로, 노다지를 캘 수 있는 밑바탕이 되는 것이다.

↘ 계획도로의 저축과 접함의 차이

저촉

저촉이란 자신의 토지의 일부가 그린벨트나 도로, 공원용지 등의 계획구역에 포함되어 계획구역 내에 편입될 예정에 있다는 것을 암시한다. 즉, 보상이 이루어질 수 있는 토지다. 해당 토지의 저촉 여부를 알아보기 위해서는 토지이용계획확인서 하단에 지적도를 확인하여 지적도상에 빨간 선으로 계획도로선이 그려져 있다면 저촉 대상에 포함되는 것이다.

보상금을 노리고, 계획구역에 포함될 때 나무를 심거나 난데없이 상가를 지어 막대한 보상금을 기대하는 것이다. 하지만, 최악의 경우 완충녹지로 지정될 수 있어 낭패를 볼 수도 있다.

접합

접합이란 도로에 접한다 말 그대로, 본 토지가 도로에 편입되는 것이 아니고 도로와 한 면 또는 여러 면이 도로에 접하는 것을 의미한다. 토지이용계획확인서를 발급받으시면 본건 토지 어느 부분이 도로에 접하는지 알 수 있다. 시세차익을 기대할 수 있는 좋은 요건을 갖추게 된다.

15

위치나 상태 등
개별 요인을 파악하자

토지 현장답사를 하다 보면, 비슷한 규모의 인접한 토지라 하더라도 가치는 달라질 수 있다는 것을 쉽게 알 수 있다. 바로 옆에 기가 막힌 땅이 있어도 맹지는 시세의 50~70% 선에서 가격이 형성되는 것은 기본이고, 각종 공법상의 개발 제한에 걸려 더 이상의 개발 여지가 없어 적정 시세를 반영하지 못하여 반값에 거래되는 경우도 종종 있다. 공법상의 규제가 없어도 거래가 실종되어 때늦은 매도 타이밍을 놓치고 하소연하는 사례도 있다.

이와 같이, 지역성과 개별성이 있기에 해당 토지의 위치나 인접한 토지의 이용 상태 등 개별 요인들을 파악하는 것이 정가가 없는 토지시장을 알기 위해서는 꼭 필요한 절차다.

토지에 새로운 생명을 넣을 수도 있기도 하고, 더 이상 쓸모없는 땅으로 방치되기도 하는 토지 투자, 이제는 과학적으로 접근하여야 하는 투자 상품이다. 예를 들면, 장방형(직사각형)의 땅이라도 도로에 접하는 길이에 따라 가치가 달라지는 데 세장비(도로에 접하는 방향의 땅 길이와 접하지 않은 땅 길이의 비율)에 따라 근린생활시설 등 상업용 건물에 적합하기도 하고 주택에 적합하기도 한다.

이처럼, 도로의 접근성에 따라서도 가치가 달라지는 데 개별 요인으로 부지 성격이나 개발 방향이 달라질 수 있는 것이다.

정가가 없는 토지로 인해, 대상 토지가 갖고 있는 종합적인 성격의 가치, 곧 입지분석이 필요하게 된다. 입지분석이란 토지가 위치한 용도지역 및 토지현황 등의 기초 조건과 접근성, 주변 환경 등 제반 여건을 조사하여 개별적인 특성을 도출하고 특정 용도로 개발하는데 적합한지의 여부 또는 적절한 활용방안을 설정하는 데 필요한 자료로 평가하고 분석하는 것을 말한다.

필자가 투자자의 의뢰를 받을 때, 일반적인 접근 방법으로 다음과 같은 방식으로 진행한다.

공부(公簿) 분석

투자자의 의뢰를 받으면, 가장 먼저 공적장부상의 현황을 파악한다. 공적장부라 함은 토지이용계획확인서, 토지(임야)대장, 지적도(임야도), 개별공시지가 확인서, 건축물관리대장(건축물이 있는 경우), 등기부등본, 산지이용구분도 등을 말한다. 공적장부를 통하여 해당 토지에 적합한 용도는 무엇인지, 부지를 특정 목적으로 개발할 수 있는지 제반 법규에 따른 제한 여부를 확인하는 것이다. 아파트와 같은 주택에 익숙해진 투자자는 등기부등본을 확인하지만, 땅의 시작은 토지이용계획확인서(종래의 국토이용계획확인서와 도시계획확인원이 통합된 것으로 각종 개별법에 의한 토지

이용 및 제한에 관한 사항의 확인을 위한 국토계획 및 이용에 관한 법률에 근거한 민원서류)를 확인해야 한다.

> 📑 **토지이용규제 기본법 제10조 제1항**(토지이용계획확인서의 발급 등)
> 시장·군수 또는 구청장은 다음 각 호의 사항을 확인하는 서류(이하 "토지이용계획확인서"라 한다)의 발급 신청이 있는 경우에는 대통령령으로 정하는 바에 따라 토지이용계획확인서를 발급하여야 한다.
> 1. 지역·지구 등의 지정 내용
> 2. 지역·지구 등에서의 행위 제한 내용
> 3. 그 밖에 대통령령으로 정하는 사항

토지지용계획확인서를 통하여 용도지역, 용도지구, 용도구역 등 건축 및 개발 가능여부를 점검한다. (계획)관리지역, 자연녹지지역, 준보전산지, 농업진흥지역 밖의 농지 등이 개발이 쉽고 투자가치가 높다고 볼 수 있다. 군사시설보호구역, 상수원 보호구역, 문화재 보호구역, 공원구역, 보전산지, 농업진흥구역 등을 만나면 서류상의 확인은 더 이상 의미가 없고 현장 방문으로 확인할 수밖에 없다.

토지의 소재지, 지번, 지목, 지적 및 소유자의 주소, 성명 등이 기록된 토지(임야)대장, 토지의 형태·모양, 인접도로, 경계 등을 확인하는 지적도(임야도)가 있다. 경계확인을 위해 인근에 능선, 계곡, 도로, 하천, 특히 구거가 있는지를 살펴본다. 이때, 지적도는 해당 필지를 포함하여 전체적인 윤곽을 표현하는 데 한계가 있어, 인접한 임야도나 시중에 판매도는 1/5,000의 지번도와 함께 분석하여야 보다 효율적이다.

시세와 많은 차이를 보이고 있지만, 시세를 가늠할 수 있는 개별공시지가 확인서도 있다. 최종적으로, 부재지주 및 보유기간, 소유권 이외의 권리 관계를 파악하기 위해 등기부등본은 참조만 하면 되겠다.

현장 답사(임장 활동)

해당 부지에 대한 정확한 관찰이 필요하다는 것이 현장답사의 중요성이다. 즉, 규모는 물론 부지 형상이나 표고, 경사, 향(向) 등의 지형지세 및 주변 경관과 현재의 이용 현황, 그리고 임야의 경우라면 입목 현황 등의 조사를 필하여야 한다. 공부 분석을 통하여 머릿속에 그려진 지도와 일치하는지 여부를 판단하면서, 차이점을 기록하여야 한다. 이러한 분석은 용도설정 및 시설 계획뿐만 아니라 농지전용, 산림형질 변경 등 인허가 가능성에 대한 판단자료가 된다. 이와 함께 지적공부와 실제 면적 및 경계를 확인해 보아야 한다.

임장 활동에서 가장 중요한 것은 도로 현황 및 접근성이다. 산지의 경우, 진입도로나 도로조건이 건축하기에 적합하지 않는 곳이 많기도 하고, 해당 부지는 도로 접근성이 있으나 자루형 도로를 가진 땅도 많다. 아울러, 진입도로 확보는 필수적이다.

최근에, 공간적 거리 이외에 시간적 거리의 중요성이 커지고 있어 접근성에 따라, 시세를 이루는 추세다. 현장답사의 중요성을 알면서도, 접근 방식에서 많은 차이가 있어 의외로 시간과 방법론에서 착오가 있는 투자자들이 많다.

지자체 방문 및 관련 기관 의뢰

현장답사를 끝내고, 막연한 현황만 그리고, 서둘러 차량에 탑승하면서 동행자가 있으면 장·단점을 논하고 나 홀로라면 멋진 그림을 그리며 되돌아오는 투자자들이 많다. 여기서, 투자의 성패가 갈라진다고 볼 수 있다.

물론, 공부상이나 현장답사로 투자 여부를 판단할 수 있는 전문가들도 많다. 그러나 공부상에서 확인되지 못한 부분은 지자체를 방문하여 산림, 농지, 도시계획 등에 관하여 다시 한번 체크하여야 한다. 아울러 공법상의 개발 가능 여부와 각종 인허가 조건을 확인하는 습관이 중요하다.

현장답사로 인해 투자를 하지 않기로 결정하더라도 비싼 기름값을 내면서 현장답사를 하는데 마지막 단계를 확인하지 않는 것은 제2의 투자를 고려하지 않는 것과 같다. 한발 더 나아가, 시세를 파악하기 위해 인근의 중개업소 3~4곳을 방문하는 것은 물론이고, 토목설계 측량업체 등에 방문하는 것도 방법이다. 많은 투자자들이 이 부분에서 어려워한다. 복잡한 용어, 그리고 현란한 언어(?)로 인해 주눅이 든다는 것이다. 때문에, 최초 투자자는 땅 투자 접근이 어렵다. 하지만, 이 단계를 넘어야 토지 투자자로서 대박을 기대할 수 있는 것이다.

종합 분석 및 결론 도출

공부분석, 임장활동, 지자체 등과의 미팅을 통한 자료를 근거로 보고서를 만든다. 밑그림을 그려가면서 중요한 것은 국토종합개발 계획은 물론 도 건설종합계획, 시·군 건설종합계획, 권역별 관광개발계획, 도로계획 등 주위의 개발계획을 파악하여 사업지와의 관련 여부를 체크하는 것이다.

즉, 주변의 개발계획이 사업지의 성격에 어떤 영향을 줄 것 인지에 대한 예측과 그 시기 등을 파악하여야 한다는 것이다.

주택시장과 마찬가지로, 토지 투자에 있어서도 가장 중요한 것은 정책이다. 따라서 정부의 정책과 함께 해당 지역에 대한 각종 개발 정보(신문기사, 잡지 등)에 지속적으로 관심을 기울여 자료를 정리해 두어야 한다.

또한, 실현수익률이 중요하여 세전 수익보다는 세후 수익을 고려하고, 접근 기간(단기, 중기, 장기)에 따라 투자 여부와 보유 여부를 판단하여야 한다. 접근 방식에 따라, 소위 대박을 기대할 수도 있고 애물단지가 될 수도 있다.

터무니없는 시세로 매수하는 것이 아니라면, 땅 투자는 영원한 블루오션이라 여기는 땅 부자들이 늘고 있다.

이제, 과학적인 접근이 필요한 토지 투자다.

공적장부들

검토서류	발급처	확 인 사 항
토지이용 계획 확인서	시·군·구청 동사무소	-선계획 후이용, 용도지역 및 토지 활용도 등 미래가치 표시 -소재지, 지번, 지목, 면적, 토지이용계획에 따른 향후 개발 계획과 제한사항의 유무를 확인 -도시계획, 군사시설, 농지, 산림, 자연공원, 수도, 문화재, 토지거래 등 표기
등기부 등본	관할 등기소	-토지의 권리관계를 밝히는 문서 -가압류, 근저당, 지상권 등의 소유권이외의 거래사실 확인 -계약 시, 잔금 시 확인 필수서류(진정성 확인!)
공유지 연명부	전자민원 (G4C)	소유자가 공동명의로 되어 있는 경우, 소유지분 및 개별 소유자 의 주민등록번호, 성명 등 확인 가능
토지대장	전자민원 (G4C)	-토지의 상황 및 토지의 출생을 표시하는 문서 -토지소재 및 지번, 지목, 면적, 소유권변동, 토지등급 등 표시
지적도	시·군·구청 동사무소	-토지의 소재 지번·지목·경계 등을 등록한 도면을 말한다. -대지의 경계, 진입로 소요폭과 존재유무 등을 현장과 비교 -지적도상도로와 현황상도로 일치여부 확인(현장답사 중요성) -분할 및 합병 여부 확인, 오천도 변화 여부 비교
임야대장	시·군·구청 동사무소	-임야에 대한 현황파악을 위하여 법원에 있는 부동산등기부와는 따로 시군구청에 비치되어 있는 공부 -임야 취득시 임야대장과 토지이용계획확인서 등 비교 분석 -임야대장에는 다음의 사항을 등록한다. ① 토지의 소재 ② 지번 ③ 지목 ④ 면적 ⑤ 소유자의 성명 또는 명칭 주소·주민등록번호(국가·지방 자치단체 법인 또는 법인 아닌 사단이나 재단 및 외국인은 등록번호) 등

검토서류	발급처	확 인 사 항
임야도	전자민원 (G4C)	임야대장에 등록된 토지에 대하여 토지의 소재, 지번, 지목, 경계 등을 기록하는 지적공부
건축물 대장	전자민원 (G4C)	-건축물의 소유·이용상태를 표시하는 문서. -토지의 소유자와 기존 건축물의 소유자가 다를 수 있으므로 필수 확인 서류(무허가 건축물 확인)
공시지가 확인원	전자민원 (G4C)	공시지가 또는 개별 지가를 확인할 수 있다
산지이용 구분도	산지정보 시스템	산지의 경계 및 제한사항, 표고 등을 확인할 수 있다.
기타		제세완납증명서, 사방시설도 등

16

땅 대박을 위해
내공을 쌓아라

우리 주변을 보면, 땅에 대한 관심이 많아지고 있음을 알 수 있다. 희소성과 미래가치로 소위, 경제적 자유인의 지름길로 여기기 때문이다.

하지만, 다음과 같은 유형으로 토지를 접근하지 않을까?

첫 번째, 아파트나 상가 등에 투자하여 부자가 되었다고 하는 사람들도 토지, 농지 및 임야에 투자하고자 할 때에는 막막하다. 투자의 단맛을 본 투자자들도 땅 투자의 어려움을 호소하는데, 종잣돈을 가지고 땅 투어에 나선 땅 초보자는 땅 보는 안목이 없음을 알고 조용히 물러나기도 한다.

두 번째, 땅을 사서 몇 배의 수익을 낸 이웃 또는 부자들을 보면서 묻지마 투자로 투자하는 쌩초보. 부동산 대박 신화에 현혹되어 전화로 일부 부동산 이야기만 듣고는 1년에 2~3배, 2년이면 5배는 보장한다는 이야기에 넘어가기도 한다.

세 번째, 원자재로서의 땅은 목적에 따라 활용도가 달라질 수 있고 가치가 있다는 것을 믿고 땅의 안목을 키워가는 왕대박. 전문가(고수)들이 주최하는 땅 투어나 세미나(강의)를 통해 정보 취합과 실전사례로 오늘보다 나은 보물을 찾기 위해 노력한다.

토지는 아파트나 상가와 달리 부동산 투자와 중개를 오래 한 사람도 현장을 보고서 투자 여부를 판단하기가 쉽지 않다. 땅은 원자재로서의 가치가 있을 뿐 아니라 보이지 않는 무형의 활용가치까지 판단해야 하기 때문이다. 땅의 희소성으로 인해 파이(이익)는 일부에게 돌아가기도 한다.

그렇다면, 영원한 쌩초보로서 왕대박을 바라보기만 해야 하는가?
투자자로서 성공할 수 있는 방법은 투자자 스스로 내공을 쌓아 준전문가 수준에서 땅을 보고 분석하여 접근하는 방법이 있고, 또 하나는 잘 알고 있는 사람을 만나 노하우를 공유하거나 전수받는 방법이 있다.

먼저 내공을 쌓기 위해서는 다음과 같은 토지 투자의 펀더멘탈을 이해하는 것이 좋다.
㉮ 정보 수집에 최선을 다한다. 세미나(강의), 동호회, 블로그, 유튜브, 밴드 등 활발한 커뮤니티로 정보의 옥석을 가려낼 줄 알아야 한다.
㉯ 도시 접근성이 좋은 곳이 개발 및 호재의 영향권의 수혜를 받을 수 있다. 개략적으로 반경 20~30킬로미터 이내의 땅이 좋다.
㉰ 최소한 2차선의 지방 도로에 접하거나, 접할 수 있는 곳을 눈여겨보아야 한다.

㉣ 실수요 측면의 개발행위 제한이 없는지 체크하는 습관을 갖는다.

㉤ 환금성을 고려하여 소액으로 분산 투자할 수 있어야 하고, 분할이 가능한지 확인하자.

㉥ 전매 제한 등으로 인하여 여유자금에 의한 투자로 중·장기적으로 접근하는 것이 좋다.

㉦ 큰 평수가 상대적으로 저렴하기에, 자금이 부족하다면 공동투자를 염두에 둔다.

㉧ 공부확인(토지이용계획확인원, 토지대장, 지적도 등)은 직접 확인하여야 한다.

㉨ 지적도와 현장이 일치하는지 확인하여야 한다. 현장 확인은 필수다.

㉩ 믿을만한 전문가의 도움을 받는 것이 리스크를 줄일 수 있다.

↘ 땅을 좋아하는 부자들

땅의 수익률이 얼마나 되는지 아파트와 비교한 흥미로운 사실이 있다. 역대 아파트의 최고 상승률을 보인 아파트는 1970년대 말 특혜분양으로 사회적인 문제와 강남아파트의 서막을 알린 압구정동의 현대아파트다. 당시 분양가는 3.3m²당 44만 원이었고 현재 3.3m²당 7,600만 원을 웃돌고 있어, 지난 40년간 약 172배 상승하였다.

그렇다면 땅은 어떨까?

70년대 3.3m²당 1,000원 미만하던 땅들이 현재 3.3m²당 30만 원하는 땅들이 수두룩하다. 약 300배 상승하였음을 알 수 있다. 최고의 상승을 보인 땅의 예로 테헤란밸리가 있다. 1970년대 당시 평당 4만 원대였던 서울 강남구 테헤란로 변에 있는 땅값은 현재, 3.3m²당 3억 원대에 이른다. 무려 7,500배 이상 되는 것이다. 무리한 비교가 될 수 있지만, 땅의 수익률을 따라잡을 수 있는 상품이 없다는 것을 반증하는 것이다.

원가 공개와 분양가상한제, 투기과열지구 및 조정 대상 지역, 대출 규제 등의 강력한 규제들로 인하여 아파트는 조정을 받고 있다.

땅은 어떤가?

사회가 발전하면서 사회가 요구하는 인프라와 편의시설을 계속적으로 공급해야 하고 개발의 필요성이 꾸준히 제기된다. 입지가 좋은 땅은 가치가 상승하여 수십 배의 차익을 기대할 수 있게 되는 것이다. 아무리 불황이더라도 포크레인의 움직임과 땅의 진화는 계속되어 투자가치는 항상 있다. 또한 원자재로서의 땅은 개발하여 건물을 지을 수도 있고, 장기투자처로 큰 수익을 얻을 수도 있다. 심지어, 기획 부동산으로 몇 배 비싸게 매수하더라도 아주 오랜 기간이 지나면 수익이 나는 것도, 맹지도 개발만 되면 막대한 이익을 기대할 수 있다는 점에서 토지 투자는 언제나 우상향이다. 그런 이유로 부자들은 땅을 좋아한다.

17
땅은 복리효과가 있는 투자 상품이다

장기투자를 뒷받침하는 이론이 있다. 복리효과다. 이런 복리효과를 누릴 수 있는 투자 상품이 바로 토지다. 2~30년간 묵혀두었던 토지가 신도시 개발설 하나로 보상을 받아 부를 움켜쥐는 투자자를 종종 보게 된다. 이 렇게까지 장기투자는 아니더라도 세후수익률이 중요한 시대다. 즉, 취·등 록세, 양도세 등의 거래세와 재산세와 같은 보유세, 금융비용 등과 기회비용까지 고려하면 오히려 수익이 낮은 부동산도 나오고 있어 더더욱 수익률 비교는 의미가 있다. 따라서 1~2년간의 잦은 거래보다는 단 한 번의 우직스러움이 더 많은 수익을 가져다주기도 한다.

이런 이유로, 입지 선정과 함께 쓸 만한 땅을 볼 수 있는 혜안이 더욱 필요한 때다. 다음과 같은 여러 가지 사례를 통해 땅을 보는 눈을 키워보기로 하자.

첫 번째, 많은 투자자들이, 지적도 상의 도로 현황을 보고 투자성을 운운하는 것을 볼 수 있다. 하지만, 도로상에 경사도가 심하여 세장비가 많이 나와도 허가가 나오지 않는 경우가 많다. 또한, 전신주가 있거나 가드레일이 있는 경우가 있는데, 임의적으로 옮길 수가 없어 자칫 낭패를 볼 수가 있다. 아무리 도로에 접한 땅이라 하여도 도로와 높낮이가 맞지 않아 흙 반출 내지 유입이 안 되어 추가 비용이 발생할 수도 있다는 점을 알아야 한다. 도로에 접한 땅, 투자성이 있다고는 할 수 있으나 덥석 매수하는 우는 피해야 할 것이다.

두 번째, 저수지를 끼고 있으면서, 나무가 많아 아름다운 풍경에 반하는 사례가 많다. 하지만, 수자원 보호구역이나 자연보호법의 규제를 받아 보호 구역으로 묶이면서 개발이 불가한 경우가 대부분이다.
최근, 농지가 빗장이 풀리면서 농업보호구역이 유망한 투자처로 생각할 수 있다. 그러나 보호수종이 많은 임야는 피하는 것이 좋다. 또한, 마을에서 멀리 떨어진 곳에 전원주택을 짓는다는 것은 육지 속의 무인도가 되는 격이다.

세 번째, 지자체마다 다르지만, 일반적으로 경사도가 15도를 넘는 땅의 경우 개발이 힘들다. 허가를 내준다고 하여도, 평탄화 작업과 비용이 만만치 않다. 또한, 법면은 개발행위 시 면적에 포함되지 않는다.

네 번째, 지적도상의 면적과 실제 면적이 다른 경우가 많다. 땅 주위에 구거나 하천이 있다면 측량 후 매수해야 한다. 아울러, 토사도 확인사항으로 지반이 약하여 다지기 공사 등의 비용이 들어가는 경우도 의외로 많다. 구거는 쉽게 메꿀 수 없는 땅이고 유지 위에는 건축물을 지을 수 없기 때문에 '물'과 관련된 부분은 유의해야 한다.

다섯 번째, 언뜻 보기에는 넓고 평탄한 밭으로 보이는 땅으로 지목은 '전'으로 보이지만 지목상 '임야'인 경우도 있다. 건축 인허가는 현황상 지목이 아닌 공부상의 지목으로 한다. 현황상 지목과 공부상의 지목은 일치시키는 것이 좋다.

여섯 번째, 따뜻한 날씨가 아닌 추운 날씨에서는 축사시설 냄새가 안 나는 경우가 종종 있다. 여름철에 파리 전쟁으로 고생하다 투자를 포기하고 장기투자자로 전락하는 사람들도 있다. 반경 500미터 안에 축사시설, 분묘, 변전소 등 혐오시설이 있다면 일단 피하는 것이 좋다.

토지 투자에서, 100% 만족하는 땅은 없다. 7~80%의 선에서 만족한다면 나머지 부족한 부분은 토지 리모델링을 통하여 보완하고, 땅을 가꾸다 보면 땅을 사랑하게 되고 매도할 때는 높은 시세차익의 묘미를 가지게 된다. 그런 이유로 땅으로 수익을 본 투자자는 다시 땅을 찾는다.
네거티브(Negative) 방식으로 리스크가 있는 부분을 제외하면 높은 수익률을 안겨다 주는 것이 바로 토지 투자다.

↘ 자경과 재촌이란

1. 자경의 의미

❶ 거주자가 그 소유농지에서 농작물의 경작 또는 다년생식물의 재배에 상시 종사하는 것

❷ 거주자가 그 소유농지에서 농작업의 2분의 1 이상을 자기의 노동력에 의하여 경작 또는 재배하는 것.

❸ 자기 책임과 계산하에 다른 사람을 고용하는 것은 인정하나 위탁경영, 대리경작, 임대차한 농지는 제외함

❹ 동일세대원이 경작한 것은 자경 인정하지 않음(2006.2.9 이후)

❺ 사업소득금액(농업·임업에서 발생하는 소득, 부동산임대업에서 발생하는 소득과 농가부업소득은 제외한다)과 피상속인 또는 거주자의 총 급여액의 합계액이 3,700만 원 이상인 과세기간이 있는 경우 그 기간은 해당 피상속인 또는 거주자가 경작한 기간에서 제외한다. 이 경우 사업소득 금액이 음수인 경우에는 해당 금액을 0으로 본다.

2. 재촌의 의미

❶ 농지가 소재하는 시·군·구와 연접한 시·군·구

❷ 해당 농지로부터 직선거리 30km 이내의 지역에서 거주할 것

❸ 양도 당시에 거주하지 않더라도 취득 시부터 양도 시까지 통산하여 8년 이상 재촌자경한 사실이 확인되어야 감면

❹ 연접이란, 행정구역 상 동일한 경계선을 사이에 두고 서로 붙어 있는 시·군·구를 말한다. 즉, 지도상으로 붙어 있어야 한다.

시·군·구에서 "구"의 개념은 지방자치법 제2조에서 분류하는 지방자치단체의 특별시·광역시·도·시·군·구의 분류 중 자치구를 말한다.

행정구의 구청장은 공무원으로 투표에 의해 선출되는 것이 아닌 시장의 임명직이다. 예를 들면, 용인시의 경우 수지구, 기흥구, 처인구가 있는데 행정구다. 반면, 자치구는 지방자치단체로서 법인격으로 일정한 한도 내에서 자치권이 인정되고 주민들의 투표로 선출된다.

서울시 동작구와 경기도 성남시는 연접하지 않고, 수원시의 경우 구는 자치구가 아닌 행정구이기에 수원시와 용인시는 연접한 것이다.

대한민국에서 땅 투자하기

수익 극대화

III

18
농업인주택, 전원주택…
주택이 헷갈려?

비도시지역에 가면, 다 똑같은 주택인데 농업인주택, 민박주택, 전원주택, 농가주택 등등 주택들이 서로 다른 이름으로 참 많다.

귀농 귀촌을 검토하는 분들에게 주택을 마련하는 일은 대사(大事). 귀농 시 농어촌에 새로이 집을 마련하는 경우 세 가지 방법으로 접근하지 않을까?

첫 번째, 앞뒤 안 보고 전원생활을 동경하여 단순히 가족이 살 집을 지어 소규모로 농사하는 즐거움으로 만족하는 경우가 있겠고

두 번째, 농사는 하기 싫고 농촌의 여유 있는 삶을 누리는 민박사업으로 생활을 꾸려 나가려는 경우가 있다.

세 번째, 입지가 좋은 곳을 선택하여 살면서 후일 음식점(가든, 카페)이나 모텔 펜션(숙박업)으로 용도변경하려는 경우가 있겠다.

일반적으로, 귀농·귀촌을 검토하는 경우 생각하는 주택 마련은 위 3가지 가 보편적이다. 즉 손이 많이 가고 힘이 드는 밭농사, 논농사는 생각하지

않고 전원생활을 해보자는 생각이 대부분이다.

이런 기준으로, 농업인주택과 민박주택, 전원주택을 비교해보자.

첫 번째 경우, 앞뒤 안 보고 전원생활을 동경하여 단순히 가족이 살 집을 알아보는 경우에는 전원주택도 좋지만, 농업인주택을 고려하는 것이 좋다. 일단, 농업인주택으로 접근하면 농지보전부담금을 면제받을 수 있고 농지원부로 각종 농업인 혜택을 볼 수 있어 비용 절감에 효율적이기 때문이다.

농업인주택을 지으려면, 농지 1,000㎡ 이상과 주택부지 500㎡ 정도가 필요하니 약 1,500㎡ 이상을 구입하여야 한다. 3.3㎡당 30만 원을 생각한다면 땅값만 약 1억 5000만 원 정도 한다. 건축비에 대한 혜택 역시 많이 있다.

이게 왜 장점인가 하면, 농업인 자격으로 농지원부를 소지하고 있으면 일반인이 주택을 지을 수 없는 농업진흥구역에서도 신축이 가능하다는 점이다. 따라서, 소규모의 농사를 하면서 전원생활을 염두에 둔다면 농업인주택이다.

지목변경으로 대지화하여 지가 상승은 덤이기는 하지만, 5년간은 눈 봉사 귀 봉사, 슬로우 라이프를 염두에 두어야 한다.

두 번째 경우, 직접적인 농사일은 하지 않고 민박사업으로 생활을 꾸려 나가려는 경우에는 민박주택이 제격이다. 직접적으로 농지를 구입하지 않아도 되고, 민박사업을 하는 경우를 고려하면 민박주택으로 접근하심이 맞다.

이때는 입지를 최우선적으로 검토해야 하는데, 이게 쉽지 않다. 처음에는 입지가 괜찮은 것 같은데 길이 새로 나고, 새로운 경쟁주택이 나타나면 선호도가 다르기 때문에 입지 선정에 정말 신중해야 한다. 필자 역시, 경기도 광주에서 입지를 찾아 거의 몇 개월을 답사하였지만 나중에는 선택할 수가 없었다. 지인들을 초대하여 고기를 굽는 상상, 모닥불 피워놓고 기타 치는 상상, 잔디밭에 누워 밤하늘을 바라보는 상상 등등을 하였지만, 그러한 환상은 보름 만에 깨진 경험이 있다.

최적의 장소를 찾는데 실패하였지만, 일반적인 기준으로 본다면 산, 바다, 강, 호수, 계곡을 끼고 있거나 조망이 좋고 물놀이, 낚시, 수영, 산책 등 간단한 레저를 할 수 있는 곳이면 좋다. 자연휴양림이나 스키장, 명승지 등 관광지 주변도 좋다.

그런데, 이런 지역은 텃새가 엄청나고 인허가 문제는 둘째지고 터무니없이 비싸다는 것이 문제다. 특히, 외지인에게 기본 더블로 시작하니 경험으로 접근한 최선의 대안은 현지 중개업소나 전문가의 도움을 받고 진행하는 것이 훨씬 경제적이고 효율적이다. 또한, 땅을 밟고 가꾸고 시간을 죽이는 일에 적성이 맞는다면 땅값이 싸고 호수가 멀지 않은 주변 환경이 좋은 농림지역이나 발길이 드문 명승지 가는 길목이나 계곡 인근도 좋겠다.

농업인이 아니라도 민박사업은 가능하기에, 반드시 농지를 추가 구입할 필요는 없다는 점 때문에 도시인들이 아마도 제1순위로 생각하지 않나 생각된다. 하지만, 결국 어느 정도 자급자족이 필요하기에 최소한의 농지는 있어야 한다. 이런 경우, 농지 임대도 괜찮은 것 같다. 최고의 전문가는 역시 현지인.

세 번째로, 입지가 좋은 곳에 전원주택을 짓고 살면서 후일 음식점(가든, 카페)이나 모텔 펜션(숙박업)으로 용도변경하려는 투자자들이 있다. 투자까지 생각한 시골 생활의 큰손(?)이다. 일단, 해당 부지는 접근성이 좋은 길을 끼고 있어야 하며, 주차장을 고려한 넉넉한 면적(최소 500평 이상)의 계획관리지역을 고르는 것이 좋다. 투자를 염두에 두었기에 농지보다는 임야가 좋고, 배산임수가 보기도 좋고 환금성도 있다. 가장 중요한 것은, 시내와의 접근성이 좋아야 한다. 때문에, 상대적으로 비싼 편에 속한다.

단순하게, 접근하여도 상기와 같이 세 가지 방식이 있는데, 묻지마 전원생활은 너무 어렵다. 전원생활을 염두에 두는 도시인들과 대화를 나누다 보면, 상기 세 가지 방식 전부를 갖추기를 원한다. 농업인의 혜택을 보면서, 후일 돈 되는 땅이 되는 그런 농지 말이다.

민박주택은 농업인주택일 필요가 없으며, 민박주택을 짓는 자가 반드시 농업인 자격이 아니어도 된다. 다만, 민박신고를 하려면 해당 민박주택 소재지 혹은 인접 읍·면에 주민등록을 가지고 실제로 1년 이상 거주하여야 한다. 민박주택 부지면적은 제한 규정이 없고, 건축면적은 건축물대장 기준 230㎡(75평) 미만이어야 한다. 민박주택은 공동주택이 아닌 단독주택 혹은 다가구주택으로만 지을 수 있으니 분양 대상이 아니다. 민박주택

은 농촌의 인구 유입과 농촌관광, 농가 소득을 올려주기 위하여 농어촌정
비법으로 지원하는 제도다.

> 📋 **조세제한특례법 제99조의4(농어촌주택등 취득자에 대한 양도소득세 과세특례**
>
> ① 거주자 및 그 배우자가 구성하는 대통령령으로 정하는 1세대가 2003년 8월 1일(고향주택은 2009년 1월 1일)부터 **2020년 12월 31일까지의 기간**("농어촌주택등취득기간") 중에 다음 각 호의 어느 하나에 해당하는 1채의 주택("농어촌주택등")을 취득(자기가 건설하여 취득한 경우를 포함한다)하여 3년 이상 보유하고 그 농어촌주택등 취득 전에 보유하던 다른 주택("일반주택")을 양도하는 경우에는 그 농어촌주택등을 해당 1세대의 소유주택이 아닌 것으로 보아 양도소득세 비과세를 적용한다.〈개정 2017.12.19.〉
>
> ❶ 다음 각 목의 요건을 모두 갖춘 주택(이 조에서 **"농어촌주택"**이라 한다)
>
> ⓐ 취득 당시 다음의 어느 하나에 해당하는 지역을 제외한 지역으로서 「지방자치법」 제3조 제3항 및 제4항에 따른 **읍·면** 또는 인구 규모 등을 고려하여 대통령령으로 정하는 **동**소재할 것
>
> 　1) 수도권지역. 다만, 「접경지역 지원 특별법」 제2조에 따른 접경지역 중 부동산가격동향 등을 고려하여 대통령령으로 정하는 지역(경기도 연천군, 인천 옹진군 등)은 제외한다.
>
> 　2) 도시지역
>
> 　3) 「소득세법」 제104조의2제1항에 따른 지정지역
>
> 　4) 토지거래허가구역
>
> 　5) 그 밖에 관광단지 등 부동산가격안정이 필요하다고 인정되어 대통령령으로 정하는 지역
>
> ⓑ **대지면적이 660제곱미터 이내**일 것(주택의 면적이 150㎡(45평)이내이고 공동주택(아파트, 연립주택 등)의 경우에는 전용면적이 116㎡(35평)이내인 주택)
>
> ⓒ 주택 및 이에 딸린 토지의 가액(「소득세법」 제99조에 따른 기준시가를

말한다)의 합계액이 해당 주택의 **취득 당시** 2억원(대통령령으로 정하는 한옥은 4억원)을 초과하지 아니할 것

❷ 다음 각 목의 요건을 모두 갖춘 주택(이 조에서 "**고향주택**"이라 한다)

ⓐ 대통령령으로 정하는 고향에 소재하는 주택일 것

ⓑ 취득 당시 인구 등을 고려하여 대통령령으로 정하는 시지역 (다음의 지역은 제외한다)에 소재할 것

　1) 수도권지역

　2) 「소득세법」 제104조의2제1항에 따른 지정지역

　3) 그 밖에 관광단지 등 부동산가격안정이 필요하다고 인정되어 대통령령으로 정하는 지역

ⓒ **대지면적이 660제곱미터 이내**일 것(~~주택의 면적이 150㎡(공동주택 116㎡) 이내일 것~~)

ⓓ 주택 및 이에 딸린 토지의 가액(「소득세법」 제99조에 따른 기준시가를 말한다)의 합계액이 해당 주택의 **취득 당시** 2억 원(대통령령으로 정하는 한옥은 4억 원)을 초과하지 아니할 것

19
진입로 확보는
금싸라기 땅이 된다

토지개발을 할 때 확인해야 하는 것이 진입로 확보와 오폐수 처리 여부다. 최근, 진입로 확보 여부는 선택 대안의 폭이 상대적으로 넓어지고 있다.

토지의 가치나 가격을 좌우하는 가장 중요한 요인 중 하나가 바로 도로다. 어떤 땅이 도로에 접해 있느냐 그렇지 않으냐에 따라 그 토지의 용도와 가격이 하늘과 땅만큼 달라진다. 아무리 경치가 좋은 임야나 산 중턱의 천하절경 또는 강 가운데의 섬이나 배산임수의 명당이라도 진입로가 없다면 무용지물이다. 부동산의 격언에 "길이 아니면 가지 말라"라는 말이 있다.

현행 법률에서 규정된 도로를 발췌하면 다음과 같다.

📑 **건축법 제44조**(대지와 도로의 관계)

① 건축물의 대지는 2미터 이상이 도로(자동차만의 통행에 사용되는 도로는 제외한다)에 접하여야 한다. 다만, 다음 각 호의 어느 하나에 해당하면 그러하지 아니하다. 〈개정 2016. 1. 19.〉

　가. 해당 건축물의 출입에 지장이 없다고 인정되는 경우

　나. 건축물의 주변에 대통령령으로 정하는 공지가 있는 경우

　다. 「농지법」 제2조제1호나목에 따른 농막을 건축하는 경우

📑 **건축법 제45조**(도로의 지정·폐지 또는 변경)

① 허가권자는 도로의 위치를 지정·공고하려면 국토교통부령으로 정하는 바에 따라 그 도로에 대한 이해관계인의 동의를 받아야 한다. 다만, 다음 각 호의 어느 하나에 해당하면 이해관계인의 동의를 받지 아니하고 건축위원회의 심의를 거쳐 도로를 지정할 수 있다. 〈개정 2013. 3. 23.〉

　가. 허가권자가 이해관계인이 해외에 거주하는 등의 사유로 이해관계인의 동의를 받기 가 곤란하다고 인정하는 경우

　나. 주민이 오랫동안 통행로로 이용하고 있는 사실상의 통로로서 해당 지방자치단체의 조례로 정하는 것인 경우

② 허가권자는 제1항에 따라 지정한 도로를 폐지하거나 변경하려면 그 도로에 대한 이해관계인의 동의를 받아야 한다. 그 도로에 편입된 토지의 소유자, 건축주 등이 허가권자에게 제1항에 따라 지정된 도로의 폐지나 변경을 신청하는 경우에도 또한 같다.

③ 허가권자는 제1항과 제2항에 따라 도로를 지정하거나 변경하면 국토교통부령으로 정하는 바에 따라 도로관리대장에 이를 적어서 관리하여야 한다.

📑 **건축법 시행령 제28조**(대지와 도로와의 관계)

① 법 제44조제1항제2호에서 "대통령령으로 정하는 공지"란 광장, 공원, 유원지, 그 밖에 관계 법령에 따라 건축이 금지되고 공중의 통행에 지장이 없는 공지로서 허가권자가 인정한 것을 말한다.

② 법 제44조제2항에 따라 연면적의 합계가 2천 제곱미터(공장인 경우에는

> 3천 제곱미터) 이상인 건축물(축사, 작물 재배사, 그 밖에 이와 비슷한 건축물로서 건축조례로 정하는 규모의 건축물은 제외한다)의 대지는 너비 6미터 이상의 도로에 4미터 이상 접하여야 한다.

길이 없는 소위 눈먼 땅인 맹지는 길이 접한 이웃 토지와 합하여만 비로소 그 값을 다 하는 것이다. 주위가 모두 다른 사람 소유의 토지로 둘러싸여 도로에 접하는 부분이 없는 토지인 맹지의 경우, 건축법상 건축허가 대상이 되지 않는다. 일반적으로 일반투자자는 기피 대상으로 알고 있지만 예외적인 사항들을 고려하면 투자대상으로 노려볼만하다. 향후, 병합이나 수용으로 땅의 가치가 재조명되기 때문이다.

실례로 경매시장에서 맹지임에도 감정가 이상으로 낙찰되는 사례는 정보를 선점하는 투자자의 몫으로 돌아가 상당 수익률을 보였다. 또 하나, 거래 대상으로 현황상 맹지 여부를 따지기보다는 진입로 확보 여부를 따지는 것이 중요하다.

일반적으로, 일정 면적이 미달되는 관리지역의 경우 매도자가 진입로를 확보해 주는 조건으로 거래를 성사시킨다.

도로의 경우는 건폐율과 용적률이 포함되지 않기 때문에 매입 면적이 10,000㎡, 도로부지가 1,000㎡이라면 건폐율과 용적률의 기준은 10,000㎡이 아니라 9,000㎡을 기준으로 한다.

아울러, 건축법 시행령 제28조 대지와 도로와의 관계에서 '연면적의 합계가 2천 제곱미터 이상인 건축물의 대지는 너비 6미터 이상의 도로에 4미터 이상 접하여야 한다'는 조항을 꼼꼼히 생각해야 한다. 연면적 2,000㎡,

2층 공장으로 계산하면 건축면적 1,000㎡으로 계획관리지역의 경우 건폐율이 40%이므로 부지면적은 2,500㎡이 되고, 단층으로 한다면 건축면적 2,000㎡으로 건폐율 40%를 적용하면 부지면적은 5,000㎡가 필요하다. 결국, 약 1,500평 이상의 대지라면 6미터 이상의 도로가 필요한 것이다.

진입로를 정확히 이해하고, 어떠한 방식으로 진입로를 확보할 수 있느냐에 따라 투자의 성패는 달려있다. 아무런 가치가 없는 땅은 없다. 어떤 땅이든 그 활용도에 따라 계륵이 될 수도, 금싸라기 땅이 될 수도 있다. 도로가 있음으로써 주변 토지의 용도가 더 효율적이고 생산적으로 활용 가능하다.

20

건축 허가 시, 도로만큼 중요한
구거를 아시나요?

토지(땅)에 대한 공부나 투자를 하게 되면, "구거"를 접하게 된다. 하지만, 구거에 대해 정확하게 알고, 적용하시는 분들은 많지 않은 것이 또한 현실이다.

구거라는 개념이, 공간 정보법 시행령에서 "용수(用水) 또는 배수(排水)를 위하여 일정한 형태를 갖춘 인공적인 수로·둑 및 그 부속시설물의 부지와 자연의 유수(流水)가 있거나 있을 것으로 예상되는 소규모 수로 부지"라고 되어 있다.

지목은 "구"로 표기되고, 용수 또는 배수를 위한 일정한 형태를 갖춘 인공적인 수로 및 둑이다.

전원주택이나, 건축물을 신축 시에는 도로만큼 중요한 어쩌면, 도로보다 더 중요한 것이 바로 "구거"다. 오·폐수 처리 시설, 정화조를 사용하기 때문이다. 건물의 정화조에 걸러진 오폐수는 배수로를 통하여 하천이나 폐수처리장으로 흘러간다. 그런데, 이러한 배수로가 없으면 건축 허가가 나오지 않는다. 농촌지역에서는 이처럼, 배수로가 없기 때문에 구거가 배수로 역할을 한다. 따라서 배수로와 연결되지 않는 땅에 건축 허가를 위해서 구거를 확보하는 것이 중요하다. 구거에 연결된 땅을 사서, 배수관을 묻는 방식으로 배수로를 확보하는 것이다.

그렇다면, 도로에 접하지 않는 토지가 많을까? 구거에 접하지 않은 토지가 많을까? 구거에 접하지 않은 토지가 더 많다. 오·폐수 처리에 대한 확인은 하지 않고 도로만 접한 토지를 샀다가 낭패를 보는 일이 자주 보게 된다.

그렇다면, 구거가 없는 경우, 어찌해야 할까?

1. 토지 사용승낙을 받아, 구거까지 연결하는 방법이 있다.

해당 토지에, 도로만 있고 구거가 없다면 가장 가까이에 있는 구거를 찾아 해당 토지와 구거까지 사이의 토지 소유자를 찾아 토지사용승낙을 받아야 한다. 배수관을 통해, 정화조와 구거를 연결하는 방법이다.

하지만, 갈수록 토지사용승낙이 쉽지 않다. 즉, 토지사용 승낙을 한 토지주 입장에서는 자칫, 토지 활용도를 떨어뜨리게 되는 일이기 때문이다.

결국, 유상으로 사용료를 지불하거나 여유가 된다면, 해당 토지를 매입하는 것도 고려함이 좋다.

2. 분할과 합병의 기술로 교환하는 방법도 있다.

해당 토지 및 구거와 연결되는 토지를 검토하여 분할 및 합병이 가능하여

교환이 되는지를 확인하는 방법도 있다.

상호 간의 시너지 효과가 있다면, 금상첨화다. 하지만, 타협과 절충이 필요하다.

3. 자연 구거를 이용하는 방법이 있다.

자연 구거란, 지적도에는 구거라고 표시되어 있지 않은데 오래전부터 물이 흐르고 있는 구거를 말한다. 정화조에서 배출되는 물을, 이 자연 구거를 통하면 가능하다. 민법에서 "자연 유수의 승수 의무와 권리"를 이용한 것이다.

그래도, 토지 소유자 입장에서는 불쾌한 일이 될 수 있기에 사전에 조율하는 것이 좋다. 자칫하면, 감정싸움으로 연결되기 때문이다. 역시, 사용료를 지불하는 것이 경험칙으로 무난하다.

4. 도로에 맨홀이 있다면, 굴착허가를 받으면 된다.

도로상에 맨홀(상수도, 하수도)이 있는지 확인하여야 한다. 도로 굴착허가를 받아, 정화조 배수관을 연결하면 된다. 하지만, 역시 도로 굴착허가를 위해서는 "도로사용승낙서"를 받아야 한다.

물론, 그 이전에… "도로관리대장" 확인은 필수!!

구거의 현재 용도와 소유주가 누구이냐가 포인트다. 이때 점용료(사용료)라는 의미로, 연간 단위로 징수하고 있다.

점용 용도에 따라 다른데, 농업생산 기반 시설에 해당하는 구거는 토지가격의 0.05를 1년 단위로 징수하고 공유수면에 해당하는 구거는 인접 토지 가격의 0.005를 1년 단위로 징수한다.

중요한 것은, 구거점용허가 및 구거라고 해서 무조건적으로 판단하지 말고 관련기관에 허가가 가능한지 문의하는 것이 좋다. 구거점용허가 또는 목적 외 사용승인이 재량행위가 강하기 때문이다.

⅃ 구거점용허가와 목적 외 사용승인

소유자가 국가 혹은 지자체인 경우 시·군·구청에 허가를 받는 것이 구거점용허가이고, 소유자가 한국농어촌공사인 경우에는 목적 외 사용승인이라 한다. 개인 소유주의 구거는? 소유자의 동의를 받거나 매입하여야 사용 가능하다.

접근하는 방법

1. 개발하려는 토지와 도로 사이에 구거가 있다. 이때, 진입로(다리)를 만들고자 한다면 구거점용허가 또는 목적 외 사용허가를 검토하여야 한다.
2.. 이때, 구거가 농업용이 아닌 국유 소유의 일반 구거라면 공유수면점용허가를 받아야 한다.
3. 지목상으로만 구거로 있는 상태로 농업기반시설로 등록되어 있다면, 농업기반시설 폐지여부를 확인하여야 한다.
4. 농수로라면, 목적 외 사용허가 여부 확인하고 실제 농지로 구거를 활용하고 있다면, 농지전용허가 또는 농업기반시설 목적의 사용승인을 받아야 한다.
5. 하천 또는 소하천이라면 구거점용허가가 아닌, 하천법 및 소하천정비법 대상이다.

21
토지의 가치투자,
지목변경

토지투자의 절대가치, 지목변경을 알아보겠다. 지목변경이란 토지(임야)
대장 등 지적공부에 등록된 지목을 다른 지목으로 바꾸어 등록하는 것을
말한다. 먼저, 지목 설정 방법을 보면

📑 **공간정보의 구축 및 관리 등에 관한 법률 시행령 제59조**(지목의 설정 방법 등)

① 법 제67조제1항에 따른 지목의 설정은 다음 각 호의 방법에 따른다.

❶ 필지마다 하나의 지목을 설정할 것

❷ 1필지가 둘 이상의 용도로 활용되는 경우에는 주된 용도에 따라 지목
을 설정할 것

② 토지가 일시적 또는 임시적인 용도로 사용될 때에는 지목을 변경하지 아
니한다.

이와 같이, 명문화되어 있다.

> 📖 **공간정보의 구축 및 관리 등에 관한 법률 시행령 제67조**(지목변경 신청)
> ① 법 제81조에 따라 지목변경을 신청할 수 있는 경우는 다음 각 호와 같다.
> ❶ 「국토의 계획 및 이용에 관한 법률」 등 관계 법령에 따른 토지의 형질변경 등의 공사가 준공된 경우
> ❷ 토지나 건축물의 용도가 변경된 경우
> ❸ 법 제86조에 따른 도시개발사업 등의 원활한 추진을 위하여 사업시행자가 공사 준공 전에 토지의 합병을 신청하는 경우
> ② 토지 소유자는 법 제81조에 따라 지목변경을 신청할 때에는 지목변경 사유를 적은 신청서에 국토교통부령으로 정하는 서류를 첨부하여 지적소관청에 제출하여야 한다.

지목변경 사유다.

토지 소유자에게 지목을 변경하고자 하는 사유가 발생하면 그날부터 60일 이내에 지적소관청에 지목변경을 신청하여야 한다.

지목변경의 증빙서류로는

① 관계법령에 따라 토지의 형질변경 등의 공사가 준공되었음을 증명하는 서류의 사본

② 국유지 공유지의 경우에는 용도폐지 되었거나 사실상 공공용으로 사용되고 있지 아니함을 증명하는 서류의 사본

③ 토지 또는 건축물의 용도가 변경되었음을 증명하는 서류의 사본

이때, 개발행위허가, 농지전용허가, 산지전용허가 등 지목변경과 관련된 규제를 받지 아니하는 토지의 지목변경이나, 전 답 과수원 상호 간의 지목변경인 경우에는 서류의 첨부를 생략할 수 있다. 농지 간의 지목변경은

개량행위로 본다.

이상과 같이, 지목변경 신청이 있으면 담당 공무원은 토지의 이용 현황, 관계법령의 저촉 여부, 조사자 인적 사항이 있는 현지 조사서를 작성한 후 처리된다.

그렇다면, 왜 지목변경이 중요할까? 아마도, 개인 투자자들이 할 수 있는 최상의 스킬이기 때문이다. 용도지역 변경이나 종상향은 국가 및 지자체가 결정하는 사항이라, 감나무에서 감 떨어지길 기다려야 하고, 지구 단위계획이나 공장 등의 인허가는 능력(?) 벗어나는 일이다. 개발행위 역시, 쉽지 않은 일이고 지목변경이 개인이 할 수 있는 최대의 스킬이다.

지목변경은 가치가 있는 땅으로 만들어준다. 논이나 밭은 지목변경하여 차고지를 만들어 주차장 용지로 변경하는 방법이나, 용도폐지된 도로를 야적장(잡종지)으로 만들어 토지의 활용 가능성을 높이는 방법도 있고 임야를 전원주택으로 하여 대지화하는 것도 있다. 토지 투자의 극대화다.

또한, 대규모 토지나 상호 간 어울리지 않는 토지를 지목변경을 통하여 매도를 용이하게 해준다. 즉, 물이 있는 논을 대지화할 수 있다면 밭과 함께 처분할 수 있다. 이런 방법으로 지목변경하면 땅값을 올릴 수 있다.

물론, 지목변경을 위해서는 도로도 있어야 하고, 배수로도 있어야 하고 기타 인입시설도 검토하여야 하고 개발행위 자금도 필요하고 기타 부수적인 내용을 알아야 한다. 지목변경이야말로, 여타 부동산의 감나무 떨어지기를 기다리는 불로소득이 아닌 땀을 흘린 노력의 대가가 아닐까? Real 투자다.

22

논을 밭으로
지목변경한다?

농지개량, 형질 변경, 지목변경 등 도대체 무엇이 맞는 것인지 혼란스럽다. 농지법상 농지로 분류되는 것은 공간 정보구축 및 관리 등에 관한 법률상 논(畓)·밭(田)과 과수원이다. 즉, 과수원은 임야가 아니다.

도시지역 주변의 녹지지역을 따라 답사를 하다 보면, 지방도로변 길가의 논을 밭으로 만들어 놓는 경우를 볼 수 있는데, 이때 논을 밭으로 만드는 것은 농지개량행위로 별다른 허가사항 없이 행위를 할 수 있다. 그러나, 그린벨트가 대부분인 지역에서는 논을 밭으로 만드는 것은 그린벨트법상 허가사항이기 때문에, 사실상 허용되지 않고 있어 농지개량행위로 쉽게 바꿀 수가 없다. 즉, 농지개량도 마음대로 되는 것이 아니구나 생각하면 되겠다.

그럼, 왜 논을 밭으로 만들까?

논과 밭, 어느 것이 관리가 편할까? 작물 재배는 일반적으로 밭이 편리하지만, 논농사는 계절적인 때가 있어 전체적으로 볼 때는 편리할 수가 있다. 실제로 밭농사를 해보면 알겠지만, 만만치 않다. 10평 남짓한 밭에서 농사짓는 것, 우습게 보면 안 된다. 하지만, 자경 의무를 생각한다면 고민이 된다. 농지에는 뭔가 농작물을 심어야 하는데, 논에 심을 수 있는 것은 논농사 등으로 한정되어 있지만 밭에는 고구마 감자나 콩, 매실나무, 묘목 등을 심으면 간단히 농사를 지을 수 있어 농사의 재미가 있기 때문에 무엇이 좋다 하기에는 개개인의 성향에 맡기는 것이 나은 것 같다.

그런데, 현장답사를 하다 보면, 주변에 논이 있는데 특정 필지에 밭으로 성토는 왜 하는 걸까? 결국, 돈이 되기 때문이다. 논보다 밭이 조금 더 비싸다. 같은 상황이라면 농지 중 논은 밭 시세의 85% 내지 90% 수준으로 거래된다. 후일, 주택으로 전환하기도 용이하다. 그래서, 농지투자를 검토하신다면 성토를 염두에 두는 것이 유리하다.

논을 밭으로 만드는 인허가

그린벨트지역을 비롯하여 자연공원구역, 문화재보호구역, 상수원보호구역, 통제보호구역(군사시설보호구역), 생태계보전구역 등과 같은 형질 변경에 특별한 허가를 받아야 하는 지역이 아니라면 논을 밭으로 만드는데, 별다른 인허가나 절차는 필요 없는 농지개량행위로 본다. 법률적으로 본다면 농지개량행위도 토지의 형질 변경행위의 하나로 높이가 50㎝ 이상이면 형질변경허가를 받아야 할 것이지만, 농지법은 농사의 편의를 위하여 논, 밭, 과수원 간에는 이러한 형질 변경허가절차 없이도 자유롭게 그 용도를 바꿀 수 있게 허용하였다.

그런데, 이를 악용하여 불법적으로 농지를 형질변경하고 마치 농지전용허가를 받은 것처럼 하여 주택지로 분양하는 사례가 빈번하다 보니, 2014년 1월 1일 이후부터 농지개량에도 높이 등 허용범위에 제한을 새로 두게 된다. 농림식품부 지침으로 그 높이를 2m로 제한하고, 2m 이상의 경우와 축대를 쌓는 경우에는 원칙에 따라 형질 변경허가를 받도록 한 것이다.

> 📋 **법 제56조**(개발행위의 허가)
> ① 다음에 해당하는 행위로서 "개발행위"를 하려는 자는 특별시장·광역시장·특별자치시장·특별자치도지사·시장 또는 군수의 "개발행위허가"를 받아야 한다.
> ❷ 토지의 형질 변경(경작을 위한 경우로서 대통령령으로 정하는 토지의 형질 변경은 제외한다)
>
> 📋 **시행령 제51조**(개발행위허가의 대상)
> ② 법 제56조제1항제2호에서 "대통령령으로 정하는 토지의 형질변경"이란 조성이 끝난 농지에서 농작물 재배, 농지의 지력 증진 및 생산성 향상을 위한 객토나 정지작업, 양수·배수시설 설치를 위한 토지의 형질 변경으로서 다음 각 호의 어느 하나에 해당하지 아니하는 경우의 형질 변경을 말한다. 〈신설 2012.4.10.〉
> ❶ 인접 토지의 관개·배수 및 농작업에 영향을 미치는 경우
> ❷ 재활용 골재, 사업장 폐토양, 무기성 오니 등 수질오염 또는 토질 오염의 우려가 있는 토사 등을 사용하여 성토하는 경우
> ❸ 지목의 변경을 수반하는 경우(전·답 사이의 변경은 제외한다)

그럼, 지목변경은 어디서 나오는 것인가?

공간 정보 구축 및 관리 등에 관한 법률에 따라 60일 이내에 논을 밭으로 지목변경하면 된다. 이 절차를 잘 하지 않아서 현황상 농지와 지목상 농지가 달라지는 경우가 발생하기도 한다.

📑 **공간정보구축 및 관리 등에 관한 법률 시행령 제67조**(지목변경 신청)

① 법 제81조에 따라 지목변경을 신청할 수 있는 경우는 다음 각 호와 같다.

❶ 「국토의 계획 및 이용에 관한 법률」 등 관계 법령에 따른 토지의 형질 변경 등의 공사가 준공된 경우

❷ 토지나 건축물의 용도가 변경된 경우

❸ 법 제86조에 따른 도시개발사업 등의 원활한 추진을 위하여 사업시행자가 공사 준공 전에 토지의 합병을 신청하는 경우

② 토지 소유자는 법 제81조에 따라 지목변경을 신청할 때에는 지목변경 사유를 적은 신청서에 국토교통부령으로 정하는 서류를 첨부하여 지적소관청에 제출하여야 한다.   〈개정 2013.3.23.〉

23

돈이 되는
절토와 성토

새로운 도로가 생기면서 발생하는 최악의 토지는 도로공사를 하면서 지반을 높이는 데 반하여 도로에 붙은 토지는 푹 꺼지는 형식으로 도로보다 낮은 토지인 바, 시세의 절반 이하로 거래되기 십상이다. 이러한 토지를 흙으로 메워서 도로와 같이 만드는 것이 성토(盛土) 작업이다. 이에 반하여 평지나 경사면을 만들기 위하여 흙을 깎아 내는 일은 절토(切土)라 한다.

지면의 높이를 50cm 이상 높이거나 파내는 것을 토지의 형질변경이라고 하는 데, 50cm 미만의 성토인 경우 허가나 신고 없이 공사를 할 수 있다. 경사진 땅이라면 높은 곳의 땅을 파내어 전체적으로 평평하게 만드는 작업이 필요하다. 경사진 땅에서 평평한 땅으로 되면서, 물이 고이는 것을 방지하기 위해 배수로 시설이 중요하다. 절토 작업은 깎아내리는 것만이 전부는 아니다.

성토 작업보다는 절토 작업이 난이도가 있는 작업으로, 물줄기를 잡지 못한다면 낭패를 경험할 수 있기 때문에 전문가의 도움을 받아 진행하는 것이 만사 불여튼튼이다. 지자체별로, 반출이 안되는 지역도 있어 흙을 조달하려고 한다면 인근의 토목현장을 찾아 흙을 받는 것도 좋고, '흙 받음'이라는 푯말을 붙이는 방식으로도 흙을 구할 수 있다.

결론적으로, 성토를 하는 이유는 전/답을 대지로 전용해서 주택을 짓기 위해, 물 빠짐 작업을 하기 위해 구베(경사도)를 주기 위해 또는 흙 상태가 농사에 적합하지 않아 마사토를 받아 토양을 개선하기 위해서가 대부분이다.

다음 Tip과 같이 3.3㎡당 약 50,000원을 들여 성토하여 도로와 높이를 같게 하면 적어도 3.3㎡당 10만 원~15만 원 정도까지는 상승한다는 것을 성공투자자들은 안다.

넓이 3,000㎡(길이 60m x 폭 50m)인 길가 논을 1m높이로 높인다고 보면, 소요되는 흙의 양(㎥, 루베)은 다음과 같다.

① 소요되는 흙의 총량(㎥)=60m x 50m x 1m=3,000㎥

② 소요 차량 대수=3,000㎥ / 1차당 10㎥(15t 덤프트럭 기준)=300대

③ **흙 운반비**:덤프 1차당 가격 5만 원(5~15만 원) x 300대=1,500만 원

④ **흙 다지기**:롤러, 크레인 대당 70만 원 x 10일=700만 원

⑤ **성토 비용 합계**:2,200만 원(3.3㎡당 약 25,000원, 흙은 별도)

　✓성토에 필요한 비용은 현장의 상황에 따라 다르나 3.3㎡당 약 25,000원
　　~60,000원도 한다.

　✓가까운 거리에, 흙을 구하는 것이 비용 절감의 포인트

24
토지사용승낙서의
양면성

토지 소유주가 타인이 본인의 토지를 사용할 수 있도록 허락하는 내용을 문서로 작성한 서류로 시행자가 토지의 소유권을 확보하지 못하고 계약만 이루어진 상황에서 인·허가용으로 요구하는 경우가 많다. 즉, 소유권 이전등기를 하지 않고 그 땅에 건축 허가를 받을 때 토지사용승낙서를 이용하며, 지구 단위 계획에 따른 건축 인·허가를 진행할 때 사전에 미리 토지 소유주에게 토지사용승낙서와 인감 증명을 요청하게 된다.

토지사용승낙서는 정형화된 형식이 있지 않으며, 토지 매매 계약서의 내용을 근거로 작성된다. 토지사용승낙서는 토지 소유자가 바뀌면 다시 받아야 하므로, 불완전한 토지사용권이라 할 수 있다.

토지사용권은 지상권, 지역권, 전세권과 같이 등기하여 배타적 효력을 가지는 물권적 사용권과 임대차, 사용대차와 같이 등기 없이 채권계약에 의해 당사자 간에서만 효력을 가지는 채권적 사용권으로 나눌 수 있는데, 토지사용승낙서는 채권적 효력을 가지는 증서라 할 수 있다.

맹지를 진입로로 사용하기 위해 가장 많이 쓰이는 방법이 토지사용승낙서다. 아울러, 상수도 수도관 설치나 하수도 배관 매립 시에는 반드시 매립 통과하는 토지부분 지주의 토지사용승낙이 필요하다. 경계선에 인접하여 구거를 정비하는 경우나 전선주를 설치하는 경우에도 마찬가지다. 태양광발전사업의 인허가 시에는 사용부지가 자기 소유 땅이 아니면, 반드시 토지사용승낙서를 첨부하여 신청하도록 규정하고 있다.

1. 토지사용승낙서가 필요한 사례

① 진입도로 개설과 이용을 위한 경우

맹지인 토지에 건축 허가 요건인 진입도로를 확보하여 도로를 개설하기 위해 인접하는 타인의 토지 소유주로부터 토지사용 승낙을 받는 경우로 가장 일반적이다.

② 지상 및 지하 공사를 하기 위해 일시적으로 사용승낙을 받는 경우

토지 또는 그 주변의 도로공사, 하천공사, 굴착공사, 철탑 공사(전주), 구거정비공사 등을 할 때 행정관청이나 시공업체가 요구하는 경우가 많다. 공사기간이 대체적으로 짧은 경우가 많아 크게 문제 될 것이 없다.

③ 사업승인이나 토지개발 인허가를 위한 경우

시행자가 토지소유권을 확보하지 못하고 계약만 이루어진 상황에서 인·허가용으로 요구하는 경우가 있다. 소유권이전등기를 하지 않은 채, 사업승인이나 인·허가를 받을 필요가 있거나 금융기관 대출용으로 사전에 토지 소유주로부터 인감증명서와 함께 승낙서를 받는다.

2. 토지사용승낙서의 성격

① 토지사용승낙서는 당사자 간 이외에는 그 효력이 승계되지 않는 것이 원칙이다. 일신전속적 채권계약으로 승낙을 해 준 토지 소유자와 사용승낙을 받은 자의 신상이 변경되는 경우에는 효력이 없는 것이다.

그러나, 토지사용승낙을 받아 이미 진입도로를 개설하여 건축을 완료하였고 사용료는 계속 납부하였다면, 토지 소유주는 이유 없이 사용승낙을 철회할 수 없다. 아울러, 승낙을 받은 자가 건축 허가 신청 중에 관공서에 토지사용승낙서를 제출한 경우에도 철회할 수 없다.

② 토지사용승낙은 유상 또는 무상으로 가능하다. 유상 사용인 경우, 사용 승낙을 받은 자가 사용료를 지급하지 않는다면 철회 사유가 될 수 있다. 하지만, 사도가 이미 개설되어 도로대장에 등록되어 있다면 토지 소유주는 함부로 통행금지를 방해할 수 없다.

③ 토지 소유주는 해당 부지를 매각시에는 사용승낙을 받은 사람에게 신의측상의 고지의무가 있다. 분쟁 여지가 있기에, 매각 시에는 고지를 하여 매입자와 사용승낙을 받은 자간의 분쟁이 없어야 한다.

④ 사용승낙 목적과 기간은 구체적으로 기록하여야 한다. 목적과 다른 행위로 사용을 한다면, 계약 위반으로 철회할 수 있다.

⑤ 토지사용승낙서가 필요한 부지 매매 시, 계약서에 특약사항으로 명문화하고 승낙서와 인감증명서를 첨부하는 것은 물론, 토지 소유주의 동의를 별도로 받아야 한다. 동의 시, 신분증으로 갈음할 수 있으나 인감 날인과 인감증명서를 첨부하는 것이 좋다.

3. 실무상의 토지사용승낙서 안전장치

첫 번째, 특약으로 책임을 명시한다(조건부 사용허가).

'매수인의 잔금 미납으로 인한 계약 해제 시는 토지사용허가는 잔금일의 익일에 자동 무효된다'라는 특약을 두어 계약 당사자 간의 책임을 명시하는 것이 좋다. 매수인의 인감을 첨부하여 공증을 받아두는 것이 더욱 안전하겠다.

두 번째, 토지사용승낙서를 써 주더라도 중도금 이후에 작성하고, 당해 토지를 담보로 잔금을 받는 경우라면 대출 절차에 개입하여 잔금을 은행에서 직접 매도인 혹은 중개업자가 수령하도록 한다. 자기 땅에 근저당만 설정되면서, 돈을 받지 못하는 사례가 종종 있다.

세 번째, 매수자의 재무구조를 확인한다. 무일푼으로 시행하려는 자들이 많은 사람을 울리고 있다. 잘못된 시작으로 인해 개발만 늦추고 마음고생만 심하기 때문에 시행사의 시행능력과 지명도를 확인하는 것이 좋다. 아울러, 계약을 체결했다 하더라도 토지사용승낙서를 함부로 내주지 말아야 사기를 예방할 수 있다.

도로를 내거나 건축 허가 및 토지거래허가를 위해 필수적인 서류인 토지사용승낙서로 인한 사고는 빈번히 일어나고 있다. 선의의 시행자들도 색안경을 끼고 보는 지주들로 인해 사업하기 힘들다고 하소연하기도 한다. 일부 몰지각한 무분별한 사업 시행자들로 인해 지주와 시행자 간의 합리적인 일처리를 어렵게 만들고 있다. 급매물을 빨리 팔아주겠다며 매매가의 일부를 계약금으로 치르고 토지 사용 승낙서를 받아 간 뒤 다른 사람에게 매도하고 잠적하는 수법을 사용하는 악덕 브로커들도 있어 거래문화를 혼탁하게 하고 있다.

토지주의 입장에서는 함부로 써 줄 일은 아니고, 개발자의 입장에서는 초기 자금의 최소화가 성공의 관건이기에 많은 의견 조율이 있게 된다. 상호간의 신뢰가 있다면 무슨 문제가 있겠느냐만 당사자 간에 모두 만족하는 "윈-윈"개념의 계약문화가 성립되었으면 하는 마음에서 특약사항 조항의 삽입은 일반화되어야 할 것이다.

↘ 실무상의 지역권

① 지역권이란 건축하려는 토지가 진입할 수 있는 길이 없어 난감한 상황에 처한 경우 토지의 일부를 쓰겠다고 하며 토지 소유자에게 돈을 드리고 통행권을 사서 등기사항 증명서에 기록하는 법률행위다. 사용승낙서는 토지 소유자와의 계약으로 이루어지는 채권채무 관계로 당사자 간의 계약이라 당사자가 바뀌면 효력이 상실되는 반면에 지역권은 등기부에 등재가 되니 누구에게나 주장할 수 있는 물권이다.

② 지역권이 설정되면, 해당 토지의 등기부에는 "승역지지역권"이라 표시되고, 도로가 필요한 맹지가 있는 필지에는 "요역지지역권"이라고 표시가 된다. 토지 주인이 승낙하였으니 승역지, 땅이 필요합니다 하여 요역지다.

지역권 설정등기를 신청 시, 승역지가 될 부분을 표시한 도면을 첨부하고 면적을 기재하여야 한다. 설정되어 있으면, 도면을 별도로 발급받으면 확인할 수 있다.

③ 지역권을 설정하면 요역지 소유자는 개발과 매도가 용이하게 되는 것으로 최근에는 전원주택 분양과 매매에도 종종 사용되는 방법이다.

④ 하지만, 주의할 점도 있다. 승역지 소유자가 향후, 개발행위를 하거나 매매를 위해 분할하고자 하는 경우다. 분할측량을 하고 성과도를 발급받아 토지대장을 정리하여야 한다. 이때 등기소에서는 촉탁등기를 하게 되는데, 바로 이때 요역지 소유자의 "권리존속확인서"와 "인감증명서" 등이 필요하다. 요역지소유자의 협조가 필요하다. 처음, 도로를 일부 내줄 때는 아쉬운 소리를 받았는데 이제는 반대로 아쉬운 소리를 해야 하는 상황에 처하는 것이다. 따라서, 지역권을 설정하는 승역지 소유자는 반드시 "승역지소유자의 요청이 있으면 언제든지 토지 분할이나 매매 등으로 인한 권리존속확인서를 발급하여야 한다"라는 특약을 명시하여야 하고, 궁극적으로 토지를 매도하는 경우에도 승계에 아무런 문제가 없어야 한다는 내용을 받아두어야 한다.

⑤ 마지막으로, 지역권은 물권이다. 토지소유주는 금융기관 대출을 받고 선순위로 금융기관 근저당과 함께 지상권이 설정되는 경우가 있다. 요역지 소유자는 개발행위 허가가 필요한 경우가 있는데 그때는 지상권자의 동의서를 받아야 한다. 이때는, 승역지 소유자가 토지상의 실제 주인이니 지상권자에게 동의서를 받아야 한다. 요역지 소유자가 아쉬운 소리를 해야 하는 경우다.

25
노후대비,
농지연금으로 해결된다

농지연금이란, 한미 FTA 등 농산물 시장 개방 확대에 따라 경쟁력이 낮은 고령농업인에 대한 복지 대책의 하나로 2011년 도입된 농지형 역모기지론이다. 농지는 있으나 별도의 소득원이 없는 고령농업인이 소유농지를 담보로 사망할 때까지 매달 생활비를 연금으로 지급받고, 사망하면 농지를 처분하여 그동안 지급받았던 연금과 이자를 상환하는 역모기지론 형태의 고령농업인 노후생활 안정 지원 제도를 말한다.

한국농어촌공사가 '한국농어촌공사 및 농지관리기금법'에 따라 농지관리기금을 재원으로 지원한다. 농지연금을 지급받을 수 있는 농업인의 자격요건은 부부 중 한 사람이 65세 이상이고 영농경력 5년 이상의 농업인이어야 한다. 연금 지급 방식은 살아 있는 동안에 지급받는 '종신형'과 일정기간만 지급받는 '기간형' 중에서 농업인이 선택할 수 있다. 농지연금을 지급받던 농업인이 사망한 경우 그 배우자가 농지연금을 승계하여 계속 지급받을 수 있다.

신청연도 말일 기준으로 농지소유자 본인이 주민등록상 만 65세 이상이며 농지소유자 본인의 신청일을 기준으로 농업인이어야 한다(연령은 민법상 연령을 말하며 주민등록상 생년월일을 기준으로 계산하여 적용한다).

영농경력이 중요한데, 농지연금 신청일 기준으로 과거 5년 이상 영농경력 조건을 갖추어야 한다. 영농경력은 신청일 직전 계속 연속적일 필요는 없으며 전체 영농 기간 중 합산 5년 이상이면 된다.

농지연금 대상은 지목이 전·답, 실제 영농에 이용 중인 농지로서 저당권 등 제한물권이 설정되지 아니한 농지(단, 선순위 채권 최고액이 담보농지 가격의 100분의 15미만인 농지는 가입 가능) 및 압류·가압류·가처분 등의 목적물이 아닌 농지가 대상이다. 불법건축물이 설치되어 있는 농지와 본인 및 배우자 이외의 자가 공동소유하고 있는 농지는 제외된다.

농지연금의 장점으로, 농지연금을 받던 농업인이 사망할 경우 배우자가 승계하면 배우자 사망 시까지 계속해서 농지연금을 받을 수 있다. 연금을 받으면서 담보농지를 직접 경작하거나 임대할 수 있어 연금이외의 추가 소득을 얻을 수 있다. 또한, 정부 예산을 재원으로 하며 정부에서 직접 시행하기 때문에 안정적으로 연금을 지급받을 수 있다. 연금채무 상환 시 담보 농지 처분으로 상환하고 남은 금액이 있으면 상속인에게 돌려주고, 부족하더라도 더 이상 청구하지 않는다는 점이 매력이다.

지급 방식으로는 종신형과 기간형이 있다. 종신형은 사망시까지 연금을 수령하는 것이며, 기간형은 설정기간동안 연금을 수령한다.

가입자(배우자) 사망 시까지 매월 일정한 금액을 지급하는 정액 종신형, 가입 초기 10년 동안은 정액형보다 더 많이 11년째부터는 더 적게 받는 전후후박형, 총 지급가능액의 30% 이내에서 필요금액을 수시로 인출할 수 있는 일시인출형, 가입자가 선택한 일정 기간 동안 매월 일정한 금액을 지급받는 기간정액형, 지급기간 종료 시, 공사에 소유권 이전을 전제로 더 많은 연금을 받는 경영이양형이 있다.

📋 **연금수령액은 얼마나 되나요?**

① 소유자 1950.3.1. / 배우자 1950.8.1.

② **공시지가 100,000/㎡, 면적 1,000㎡(약 300평), 농지가격:1억 원**

③ 산출(월지급금 지급 상한금액은 300만 원)

구분	종신형			기간형			
	정액형	전후후박형 (70%)	일시인출형 (30%)	기간형(정액형)		경영이양형	
월지급금	384,240	457,480(전) 320,240(후)	272,870 (24,000,000)	5년	해당없음	5년	1,784,400
				10년	해당없음	10년	954,780
				15년	567,870	15년	680,040

• 기간형(정액형)은 5년형 78세이상, 10년형 73세 이상, 15년형 68세 이상 가입가능

↘ 농지연금 일부 개정

기존에는 농지연금 가입대상 농지는 거리 제한이나 보유 규정이 없었다. 즉, 5년 이상 영농경력 요건을 갖춘 농업인이라면, 오늘 취득한 농지라도 언제든지 농지연금 대상이었다. 거리제한도 없으니, 시세차익과 농지연금을 저울질하여 투자도 염두에 두니 농지투자는 최고의 재테크다.

경매나 공매에서 늘 연구 대상이고, 특히나 공시지가가 높은 물건은 쉽게 거래가 되곤 한다. 그런데, 농지은행에서는 실수요자보다는 투기수요가 많아지고 있음을 알고 있었나 보다. 이제, 농지연금 대상 농지는 2년 이상 보유하여야 한다. 재촌 요건도 갖춰야 한다. 즉, 전국구 농지가 아닌 농지가 소재한 시·군·구에 거주하거나 농지가 소재한 시·군·구와 연접한 시·군·구에 거주하거나 직선거리 30km 이내에 거주하여야 한다.

최근 개정된 법률

1. 담보농지는 농지연금 신청일 현재 다음 각 호의 요건을 모두 충족하여야 한다.
 ① 「농지법」상의 농지 중 공부상 지목이 전·답·과수원으로서 사업 대상자가 소유하고 있고 실제 영농에 이용되고 있는 농지
 ② 사업 대상자가 2년 이상 보유한 농지
   *상속받은 농지는 피상속인의 보유기간 포함
 ③ 사업 대상자의 주소지(주민등록상 주소지 기준)를 담보농지가 소재하는 시·군·구 및 그와 연접한 시·군·구 내에 두거나, 주소지와 담보농지까지의 직선거리가 30km 이내의 지역에 위치하고 있는 농지
   *②와 ③의 요건은 2020년 1월 1일 이후 신규 취득한 농지부터 적용
 ④ 경영이양형의 경우에는 농업진흥지역 내 농지로서 공사가 맞춤형농지지원사업으로 매입할 수 있는 농지
2) 제외 농지
경매 및 공매(경매·공매 후 매매 및 증여 포함)를 원인으로 취득한 농지.
다만, 농지연금 신청일 현재 신청인의 담보농지 보유기간이 2년 이상이면서 '담보농지가 소재하는 시·군·구 및 그와 연접한 시·군·구 또는 담보농지까지 직선거리 30km' 내에 신청인이 거주(주민등록상 주소지 기준)하는 경우 담보가능
   *2019년 11월 1일부터 시행

26
분할은 기획부동산
전유물?

보유하고 있는 땅이 삼각형, 자루형, 세장비가 적은 모양 상의 흠결을 가지고 있거나 지상권, 분묘기지권 등의 적법한 권리관계를 주장하기 어렵거나 건축 허가를 받지 못하는 맹지 등을 안고 있다면 보완하여 가치를 상승시켜야 한다. 모양 상의 흠결이 있다면 모양을 예쁘게 만들면 되고, 권리관계 행사에 문제가 있다면 풀어가면 되고, 맹지는 도로를 확보하는 등 리모델링하면 되는 것이다.

넓은 땅일수록 3.3㎡당 단가가 낮지만 매도하기는 쉽지 않다. 넓은 땅을 저렴하게 매수하여 분할 기법을 통하여 3.3㎡당 단가를 높이는 방식으로 성공을 경험한 투자자는 늘 분할 기법을 염두에 두고 넓은 땅을 찾는다. 문제는 시골의 넓은 땅을 확인되지 않는 개발 도면을 가지고 일반투자자에게 파는 기획 부동산으로 인해 '분할 기법'을 구사하는 투자자들을 곱지 않은 시선으로 본다는 것이다. 새롭게 가치를 부여하는 리모델링 기법 중의 하나인 '분할'에 대해 알아보기로 한다.

📑 **건축법 시행령 제80조**(건축물이 있는 대지의 분할제한)

주거지역은 60㎡, 상업지역 및 공업지역은 150㎡, 녹지지역은 200㎡, 기타 지역은 60㎡ 이하로 대지 분할을 제한한다. 물론, 이 범위 내에서 지자체의 조례로 별도로 정할 수 있다.

📑 **개발제한구역의 지정 및 관리에 관한 특별조치법 시행령 제16조**(토지의 분할)

분할된 후 각 필지의 면적이 200제곱미터 이상(지목이 대인 토지를 주택 또는 근린생활시설을 건축하기 위하여 분할하는 경우에는 330제곱미터 이상)인 경우를 말한다. 다만, 다음 각 호의 어느 하나에 해당하는 경우에는 그 미만으로도 분할할 수 있다.

1. 공익사업을 시행하기 위한 경우
2. 인접 토지와 합병하기 위한 경우
3. 「사도법」에 따른 사도(私道), 농로, 임도, 그 밖에 건축물 부지의 진입로를 설치하기 위한 경우
4. 토지의 형질변경을 위한 경우. 다만, 분할 후 형질변경을 하지 아니하는 다른 필지의 면적이 60제곱미터 미만인 경우는 제외한다.

📑 **농지법 제22조**(농지 소유의 세분화 방지)

① 국가와 지방자치단체는 농업인이나 농업법인의 농지 소유가 세분화되는 것을 막기 위하여 농지를 어느 한 농업인 또는 하나의 농업법인이 일괄적으로 상속·증여 또는 양도받도록 필요한 지원을 할 수 있다.

② 「농어촌정비법」에 따른 농업생산기반정비사업이 시행된 농지는 다음 각 호의 어느 하나에 해당하는 경우 외에는 분할할 수 없다.

1. 도시지역의 주거지역·상업지역·공업지역 또는 도시·군계획시설부지에 포함되어 있는 농지를 분할하는 경우
2. 농지전용허가(다른 법률에 따라 농지전용허가가 의제되는 인가·허가·승인 등을 포함한다)를 받거나 농지전용신고를 하고 전용한 농지를 분할하는 경우
3. 분할 후의 각 필지의 면적이 2천제곱미터를 넘도록 분할하는 경우
4. 농지의 개량, 농지의 교환·분합 등 대통령령으로 정하는 사유로 분할

하는 경우

📋 **농지법 시행령 제23조**(농지를 분할할 수 있는 사유)

① 농지를 개량하는 경우
② 인접 농지와 분합(分合)하는 경우
③ 농지의 효율적인 이용을 저해하는 인접 토지와의 불합리한 경계를 시정
　하는 경우
④ 농업생산기반정비사업을 시행하는 경우
⑤ 농지의 교환·분합을 시행하는 경우
⑥ 농지이용증진사업을 시행하는 경우

📋 **공간정보의 구축 및 관리 등에 관한 법률 시행령 제65조**(분할신청)

① 소유권이전, 매매 등을 위하여 필요한 경우(매매분할)
② 토지이용 상 불합리한 지상경계를 시정하기 위한 경우
③ 관계 법령에 따라 토지분할이 포함된 개발행위허가 등을 받은 경우

그렇다면, 왜 분할을 시도하는 것일까?

광활한 농지와 산지의 경우, 적당한 면적으로 분할하면 수요가 늘어나 매도하기가 쉽고 3.3㎡당 단가도 높일 수 있다. 단순한 토지 분할 리모델링으로 2~3배의 시세차익이 보장되는 사례가 많다. 지역에 따라 다르겠지만, 가장 많이 분할하는 면적은 1,000㎡ 크기의 주말농장으로 분할하는 '매매 분할'과 지구단위계획면적 기준에 벗어나기 위해 10,000㎡ 미만, 그리고 실수요자들이 가장 많이 찾는 3,000~5,000㎡이다.

이처럼, 땅의 일부를 팔기 위해 분할을 시도한다. 물론, 공동으로 소유하는 땅을 지분대로 분할하는 경우나, 공공의 목적을 위해 불가피하게 분할하는 경우도 있다. 그러나 분할의 매력을 최대한 발휘하여 수익을 극대화

하는 투자자는 따로 있다. 바로 한 필지의 땅에 용도지역이 중복된 경우, 보다 유리한 용도지역으로 편입시키도록 분할하는 기법을 사용하는 것이다.

'1필지의 토지가 2 이상의 용도지역, 용도지구 또는 용도구역에 걸치는 경우 그 토지 중 용도지역, 용도지구 또는 용도구역에 있는 부분의 규모가 330㎡ 이하인 토지부분에 대하여는 그 1필지의 토지 중 가장 넓은 면적이 속하는 용도지역, 용도지구 또는 용도구역에 관한 규정을 적용한다.'는 규정을 이용하는 것이다.

예를 들면 2,000㎡의 관리지역과 600㎡의 농림지역으로 이루어진 2,600㎡ 땅이 있다면 관리지역과 농림지역을 적용하여 시세가 각각 형성되지만 관리지역과 농림지역을 두개로 분할하면 1,000㎡의 관리지역과 300㎡의 농림지역으로 분할하여 1,300㎡, 2필지가 된다면 이 땅은 모두 관리지역이 되어 가치는 변경된 만큼 상승하는 것이다.

땅 투기를 방지하는 차원에서 무분별한 토지 분할은 쉽지 않아 도시지역에서는 분할이 어렵고, 비도시지역에서는 시장·군수의 허가를 받아야 진행할 수 있는 토지 분할은 쉽지 않다. 그러나 건축법이 허용하는 범위 내 농지 및 산지 전용허가를 받을 수 있다면 농지 및 산지 분할은 투자자로서는 관심을 가져볼 만한 리모델링이다.

27
지가상승을
불러일으키는 대토

필자에게 농지의 대토를 알아보고자 한 고객이 있다. 5년간 자경을 한 고객인데, 부득이하게 농지를 매도할 수밖에 없는 상황이었다. 그렇다고, 삶의 터전을 송두리째 남의 손에 넘길 수는 없고 양도소득세 역시 무시 못하는 상황이었다.

고객이 문의한 대토라 함은 양도소득세 및 기타 세제 감면을 받기 위해 대체 농지를 취득하는 것은 말한다. 농지법에 의한 위탁경영, 대리경작 또는 임대차하는 농지를 대토하는 경우는 농지의 대토(감면 대상)로 보지 않는다. 대토 구입으로 인해 양도소득세를 감면받으려면 대토로 구입하는 토지가 농지여야 하는 것이다. 용도지역은 중요하지 않으며 주거지역이든 관리지역이든 전·답·과수원이어야 한다는 뜻이다.

조세제한특례법상에서 농지소재지에 거주하는 자가 직접 경작한 토지를 경작 상의 필요에 의하여 대토하는 농지로 대토(代土) 함으로써 발생하는 소득에 대해서는 양도소득세의 100분의 100에 상당하는 세액을 감면한다고 되어 있다.

이때, 농지소재지는 농지가 소재하는 시·군·구 및 연접한 시·군·구 안의 지역을 말하고 해당 농지로부터 직선거리 30킬로미터 이내의 지역을 말한다.

그러나 실제 경작자가 공익사업을 위한 토지 등의 취득 및 보상에 관한 법률에 의해 농지를 협의양도하거나 수용된 자는 부동산 거래 신고 등에 관한 법률 제12조에 의거 본인이 거주하는 주소지로부터 직선거리 80Km 이내의 토지거래허가구역 내 토지를 취득할 수 있다. 즉, 토지거래 허가 구역 내 토지를 취득하기 위해 적용되는 통상 1년 이상의 거주 기간의 제한에서 자유로울 뿐, 80Km 이내의 대토는 연접 시·군·구가 아닌 이상 양도소득세 및 취득세 감면 혜택을 받을 수 없다.

시골 땅을 거래하고자 할 때 최고의 관심사는 '세(稅) 테크'다. 시골 땅은 규제가 많아 자칫하면 수익은 고사하고 세금만 내고 마는 경우가 생길 수도 있기 때문이다. 그런 이유로 계약 시점에 가서야 비로소 세금과 친하게 되는 경우를 종종 보게 된다.

8년 이상 자경으로 인한 양도세 감면 규정을 활용하는 방법이 있고, 증여를 활용하기도 하는데 재촌·자경의 기간은 승계가 되지 않는다는 것을 알아야 할 것이다. 또한, 농지를 취득한 후 영농하지 않고 농지은행에 위탁 임대하는 방법으로 부재지주를 벗어나는 방법도 있다.

땅 투자로서 성공한 사람들이나, 흙을 떠나서 살 수 없는 사람들의 경우 계획적으로 또는 우연히 연쇄적인 지가 상승을 불러일으키는 대토(代土)는 성공투자자의 비법임에 틀림없어 보인다.

📑 **조세제한특례법 제70조**(농지대토에 대한 양도소득세 감면)

① 농지 소재지에 거주하는 대통령령으로 정하는 거주자가 대통령령으로 정하는 방법으로 직접 경작한 토지를 경작 상의 필요에 의하여 대통령령으로 정하는 경우에 해당하는 농지로 대토(代土) 함으로써 발생하는 소득에 대해서는 양도소득세의 100분의 100에 상당하는 세액을 감면한다. 다만, 해당 토지가 주거지역등에 편입되거나 「도시개발법」 또는 그 밖의 법률에 따라 환지처분 전에 농지 외의 토지로 환지예정지 지정을 받은 경우에는 주거지역 등에 편입되거나, 환지예정지 지정을 받은 날까지 발생한 소득으로서 대통령령으로 정하는 소득에 대해서만 양도소득세를 감면한다.

② 제1항에 따라 양도하거나 취득하는 토지가 주거지역 등에 편입되거나 「도시개발법」 또는 그 밖의 법률에 따라 환지처분 전에 농지 외의 토지로 환지예정지 지정을 받은 토지로서 대통령령으로 정하는 토지의 경우에는 제1항을 적용하지 아니한다.

📑 **조세제한특례법 제69조**(자경농지에 대한 양도소득세의 감면)

① 농지 소재지에 거주하는 자가 8년 이상[대통령령으로 정하는 경영이양직접지불보조금의 지급대상이 되는 농지를 따른 한국농어촌공사 또는 농업법인에 2018년 12월 31일까지 양도하는 경우에는 3년 이상] 직접 경작한 토지로서 토지의 양도로 인하여 발생하는 소득에 대해서는 양도소득세의 100분의 100에 상당하는 세액을 감면한다. 다만, 해당 토지가 주거지역 등에 편입되거나 도시개발법 또는 그 밖의 법률에 따라 환지처분 전에 농지 외의 토지로 환지예정지 지정을 받은 경우에는 주거지역 등에 편입되거나, 환지예정지 지정을 받은 날까지 발생한 소득으로서 대통령령으로 정하는 소득에 대해서만 양도소득세의 100분의 100에 상당하는 세액을 감면한다.

② 농업 법인이 해당 토지를 취득한 날부터 3년 이내에 그 토지를 양도하거나 대통령령으로 정하는 사유가 발생한 경우에는 그 법인이 그 사유가 발생한 과세연도의 과세표준신고를 할 때 제1항에 따라 감면된 세액에

상당하는 금액을 법인세로 납부하여야 한다.

③ 제1항을 적용받으려는 자는 대통령령으로 정하는 바에 따라 감면신청을 하여야 한다.

📑 조세제한특례법 시행령 제66조(자경농지에 대한 양도소득세의 감면)

① 법 제69조제1항 본문에서 "농지소재지에 거주하는 대통령령으로 정하는 거주자"란 8년[한국농어촌공사 또는 농업법인은 3년] 이상 다음 각 호의 어느 하나에 해당하는 지역(경작개시 당시에는 당해 지역에 해당하였으나 행정구역의 개편 등으로 이에 해당하지 아니하게 된 지역을 포함한다)에 거주하면서 경작한 자로서 농지 양도일 현재 거주자인 자(비거주자가 된 날부터 2년 이내인 자를 포함한다)를 말한다.

❶ 농지가 소재하는 시(특별자치시와 「제주특별자치도 설치 및 국제자유도시 조성을 위한 특별법」제10조제2항에 따라 설치된 행정시를 포함한다. 이하 이 항에서 같다)·군·구(자치구인 구를 말한다) 안의 지역(행정구역 개념)

❷ ❶의 지역과 연접한 시·군·구안의 지역

❸ 해당 농지로부터 직선거리 30킬로미터 이내의 지역

⑧ 법 제69조제2항에서 "대통령령으로 정하는 사유가 발생한 경우"란 다음 각호의 1에 해당하는 경우를 말한다.

❶ 당해 토지를 취득한 날부터 3년 이내에 휴업·폐업하거나 해산하는 경우

❷ 당해 토지를 3년 이상 경작하지 아니하고 다른 용도로 사용하는 경우

⑪ 경작한 기간을 계산할 때 상속인이 상속받은 농지를 1년 이상 계속하여 경작하는 경우(제1항 각 호의 어느 하나에 따른 지역에 거주하면서 경작하는 경우를 말한다.) 다음 각 호의 기간은 상속인이 이를 경작한 기간으로 본다.

❶ 피상속인이 취득하여 경작한 기간(직전 피상속인의 경작 기간으로 한정한다)

❷ 피상속인이 배우자로부터 상속받아 경작한 사실이 있는 경우에는 피상속인의 배우자가 취득하여 경작한 기간

⑫ 상속인이 상속받은 농지를 1년 이상 계속하여 경작하지 아니하더라도 상속받은 날부터 3년이 되는 날까지 양도 시 피상속인(배우자의 경작 기간

포함)의 경작기간을 통산 가능하나 상속 후 3년 내 택지개발지구, 산업단지 등 공익사업용으로 지정된 경우(상속받은 날 전에 지정된 경우를 포함) 양도기간에 제한 없이 피상속인의 경작기간을 통한한다.

⑬ "대통령령으로 정하는 방법으로 직접 경작"이란 다음 각 호의 어느 하나에 해당하는 것을 말한다(자경).

❶ 거주자가 그 소유농지에서 농작물의 경작 또는 다년생식물의 재배에 상시 종사하는 것

❷ 거주자가 그 소유농지에서 농작업의 2분의 1 이상을 자기의 노동력에 의하여 경작 또는 재배하는 것.

⑭ 경작한 기간 중 해당 피상속인(그 배우자를 포함한다) 또는 거주자 각각의 사업소득금액(농업·임업에서 발생하는 소득, 부동산임대업에서 발생하는 소득과 농가부업소득은 제외한다)과 피상속인 또는 거주자의 총급여액의 합계액이 3,700만 원 이상인 과세기간이 있는 경우 그 기간은 해당 피상속인 또는 거주자가 경작한 기간에서 제외한다. 이 경우 사업소득금액이 음수인 경우에는 해당 금액을 0으로 본다.

대한민국에서 땅 투자하기

전략

IV

28

비농업인도 소유할 수 있는
영농여건불리농지

국가는 농지에 관하여 경자유전(耕者有田)의 원칙이 달성될 수 있도록 노력하여야 하며, 농지의 소작 제도는 금지된다(헌법 제121조).

헌법 준수에 따라 현행 농지법은 농지 소유 자격을 농업인으로 엄격히 제한하고, 농지취득자격증명 제도를 두어서 농지 매수인의 농지 소유 자격과 소유 상한을 정하고 있다. 만일 농업 경영의 목적대로 이용하지 않으면 이행 강제 등의 처분 명령이 내려지고 있다.

FTA 시장 개방과 농촌의 도시화에 따른 시장의 흐름에 따라 농지법 개정을 통해 농업 법인의 농지 소유와 비농업인의 주말농장용 농지 소유 등을 허용하여 경자유전의 원칙은 더 이상 원칙이 아닌 결과를 가져왔다. 경자유전의 원칙의 예외로 한계농지를 두어 도시형 용지를 공급하고 있다. 즉, 소유와 거래 제한을 완화하고 복잡한 절차를 간소화하였다. 아울러, 3ha인 비농업인의 상속 농지 소유 한도를 폐지하고, 농업진흥지역 내 농지를 택지나 공장부지로 활용할 경우 같은 면적의 농지를 마련해야 하는 대체농지 지정 의무제를 폐지하였다. 계속된 완화 조치로 인해, 농지의 투자시장은 활짝 열게 되어 농지투자의 르네상스를 이루게 된 것이다.

한계농지(限界農地), 사전적인 의미로 농사짓기 힘든 땅을 말한다. 기본적으로 농업진흥지역 밖의 농지 중에서, 최상단부에서 최하단부까지의 평균 경사율이 15% 이상이거나 집단화된 농지의 규모가 2ha 미만의 농지를 말한다.

농어촌정비법상에 한계농지가 있다면, 유사한 개념으로 농지법상에는 영농여건불리농지가 있다.

영농여건불리농지를 취득하려는 경우에는 농업경영계획서를 작성하지 않고 농지취득 자격 증명을 신청할 수 있으며, 영농여건불리농지를 전용하여 주택 등을 건축하고자 할 때에는 시장·군수에게 농지전용신고만으로 가능하다. 영농여건불리농지는 비농업인도 소유할 수 있다. 취득 후에는 자경하지 않아도 된다. 다만, 휴경은 안되고 개인 간 임대차나 사용대차는 가능하다.

영농여건불리농지를 개발 시 농업인주택, 농축산업용시설, 농수산물 유통 가공시설, 어린이 놀이터, 마을회관 등 공동생활 편의시설, 농수산 관련 연구 시설과 양어장, 양식장 등 어업용 시설은 농지보전부담금이 면제된다. 즉, 모든 경우에 농지보전부담금이 면제되는 것은 아니다.

📋 **농지법 시행령 제5조의2**(평균경사율이 15퍼센트 이상인 영농 여건이 불리한 농지의 범위)

① 영농여건불리농지란 다음 각 호의 요건을 모두 갖춘 농지로서 시장·군수가 조사하여 고시한 농지를 말한다.

❶ 농업진흥지역 밖의 농지 중 최상단부에서 최하단부까지의 평균 경사율이 15퍼센트 이상인 경사지 농지일 것

❷ 지방자치법에 따른 시·군의 읍·면 지역의 농지일 것

❸ 집단화된 농지의 규모가 2만 제곱미터 미만인 농지일 것

❹ 시장·군수가 다음 각 목의 사항을 고려하여 영농 여건이 불리하고 생산성이 낮다고 인정하는 농지일 것

ⓐ 농업용수·농로 등 농업생산기반의 정비 정도

ⓑ 농기계의 이용 및 접근 가능성

ⓒ 통상적인 영농 관행

영농여건 불리농지 〈농지법〉

1 농업진흥지역 밖의 농지일 것

2 평균경사율이 15% 이상일 것

3 읍·면 지역에 소재할 것

4 집단화된 규모가 2만Km² 미만일 것

5 시장·군수 조사하여 고시한 농지일 것

29
농막이
유행이라던데…

비도시지역으로 여행을 하다 보면, 소규모 주택인지 창고인지 구분이 안 가는 소형 주택을 많이 보게 된다. 농막이다. 농막이라는 것이 원래 농지를 소유(임차) 하여 경작하는 농업인이 농사 도중 휴식을 하고, 씨앗이나 거름, 농사 기자재, 수확물 등을 보관하기 위하여 농지 지상에 축조가 허용된 창고 용도 가설건축물이다. 즉, 주택이 아닌 임시건축물이다. 과거, 원두막을 생각하면 되겠다. 사실, 이러한 용도로 한정되어 있었기에 그다지 주목을 받지 못하였다.

2002년 이전에는 농가주택이나 전원주택으로 도시인들이 접근하였다. 그러다가, 주 5일제가 시행되는 2002년경부터 주말농장, 주말주택이 트렌드가 되더니 이후, 베이비부머의 은퇴와 맞물려 도시인의 귀농, 귀촌 열풍으로 귀농주택이 대세가 되었다. 때문에, 농막보다는 조금 더 넓은 시골 주택 개념으로 접근한 것이다.

그런데, 2012년 11월 농막의 까다로운 조건이 완화되는 사건이 발생하면서, 농막을 사실상 주말주택으로 사용할 수 있게 된 것이다. 물론, 주택이 아니기에 상시 거주해서는 안 된다. 그래서, 유행하는 이동식 소형 주택이 나타난 것이다. 때문에, 우리는 농막을 주목할 필요가 있다. 최근에는 한옥이 퓨전 형식으로 공급하고 있다. 예전보다, 시공법이 발달해서 인지 한옥 공사비 단가도 많이 저렴해져서 인기가 많은 것 같다.

농막은 법정 지목이 농지에 짓는 것이다. 즉, 농지로 쓰이는 임야, 초지, 대지 등에는 농막을 지을 수가 없다. 즉, 농막은 농업진흥지역 및 농업진흥지역 밖의 농지, 영농여건불리농지, 주말체험영농농지 등 농지라면 어떤 곳이든 바닥면적 기준으로 20㎡ 미만의 농막을 지을 수 있다. 그린벨트 내의 농지에서도 농막을 지을 수 있다. 2층도 가능한데, 일부 조례에서는 안되는 경우도 있다.

농막은 농지전용 절차 없이 그 설치가 자유롭게 허용된다. 물론, 건축법상 정식 건축물이 아니기에 진입도로, 건폐율, 용적률 등 건축법상 요건을 갖추지 않아도 된다. 즉, 건축법상 건축물이 아니기에 도로 여부를 따질 필요가 없고 농지보전부담금 대상도 아니고, 지목변경도 필요 없는 것이다. 때문에, 건축 허가가 어려운 지역에도 가능하다 보니 퓨전 형식으로 많이 등장하는 것이다.

농막이 인기를 끈 결정적인 요인은 아마도, 전기 수도 가스를 연결할 수 있다는 점 때문이다. 종전에 금지되었던 주방, 샤워실, 욕실, 전기장판 등이 가능해 주거가 가능하다는 것이다. 정화조 설치 문제로 인해 하수도 시설 설치는 안된다. 전기 수도를 사용하고자 할 때에는 한전이나 수도사업소에 신고를 해야 하므로 농지전용허가(신고)가 따른다. 따라서, 가설

건축물 신고를 하는 것이 일반적이다. 존치 기간은 3년이며, 가설건축물 신고서를 제출하면 문제 될 것이 없다.

농막은 법률상 주택으로 사용하는 것을 금지하고 있기 때문에 까다로운 공무원을 만나거나 누군가의 신고가 있다면 낭패를 볼 수 있다는 점으로, 농지전용 여부를 검토하여야 한다. 아무리 작아도 주택으로 사용할 목적이라면 인허가를 정식으로 마쳐야 한다. 농지전용을 하고 건축신고 후 사용승인(준공)을 받아 사용하는 것이 좋다.

농막은 주택이 아니다. 주택이 아니기 때문에 다주택자 양도세 중과 등의 세금에서도 자유롭다. 주택이 아니기에 임대할 수 없다. 즉, 펜션이 아니기에 민박사업을 할 수 없다. 농막은 개발행위허가나 농지(산지) 전용허가, 건축허가(신고) 등 절차를 거치지 않고 농지에 설치할 수 있는 농사용 창고다. 농사를 짓는 사람만이 농막을 설치할 수 있기 때문에 농사를 짓지 않는 사람은 농막을 설치할 수 없다.

"반농반x"의 삶.
1년 중 반은 농사를 지으며 살아가고, 나머지 반은 소박하지만 가치 있는 삶을 살아간다는 의미다. 전원생활을 염두에 두는 이상적인 삶의 패턴이다.
확실한 소확행, 작은 행복 농막에서 가능하다.

30
전원주택은
현실적으로 접근하라

누구나 한 번쯤 자연을 꿈꾼다. 그러나 전원에 산다는 것은 아파트와 같은 주택을 매수하는 것과는 많은 차이가 있다. 땅 답사부터 시작하여 착공, 건축, 입주까지 산 넘어 산이라는 표현이 맞을 정도로 꼼꼼하게 살펴야 넉넉한 전원생활이 될 수 있다. 자연과 조화를 이루지 못한 전원주택은 전원생활도, 투자도 아닌 실패자의 산물로 남기 마련이다.

여유 있는 전원생활을 꿈꾼다면, 이것만은 확인해야 한다.

첫 번째, 구두계약은 믿지 마라

지적도상 도로와 현황도로의 차이로 인한 "토지사용승낙서"를 받아야 하는 경우가 있다. 안 씨는 전원주택 부지를 매입하기 위해, 토목측량설계사무소의 전용 가능성 확인을 하고 지자체의 개발행위 허가를 득하였다. 아울러 도로를 사용하기 위해 현황도로 소유자가 매도자의 지인이라는 이유로 도로 사용승낙서를 받아준다는 조건으로 계약을 하였다.

아무런 문제가 없다고 생각하고 행복한 전원생활을 꿈꾸던 어느 날, 이웃

한 토지 소유자에게 인사를 하기 위해 찾아가면서 일이 꼬이기 시작한 것이다. 주택을 짓기 위해 길을 사용하고, 원상복구 내지 도로포장까지 약속하였지만 토지 소유자의 싸늘한 답변만이 기다렸다. 부랴부랴 매도자, 중개업자 등과 함께 설득을 하였지만 오히려, 건축 기간만 사용하고 '토지사용승낙서'는 써 주지 않는다는 조건으로 2천만 원을 요구한다.

결국, 매도자가 미안한 마음으로 계약은 없던 것으로 해결이 되었지만, 시간과 부대비용 등으로 손해가 이만저만 아니다. 모든 책임을 매도자와 중개업자에게 책임을 전가하고 싶었지만, 계약서상에 도로 확보에 대한 특약사항을 명시하지 않고 구두상 확인한 내용이라 전적으로 책임을 묻기도 어려웠다.

토지매입 시 계약서에 '진입도로에 대해 문제가 발생할 시에는 매도자가 모든 사항을 책임진다'라는 특이사항을 첨부하기만 하면 되는 꼼꼼한 계약서 작성을 하지 않은 탓이다.

두 번째, 용적률과 건폐율을 확인하라

단지가 조성, 도로포장과 하수관 처리가 되어있고 계약 전 토지대장, 토지이용계획확인서 등을 확인하여 아무런 문제가 없음을 확인하여 500㎡ 땅을 계약하게 된 유 씨.

도시지역 밖 계획관리지역에서의 건폐율은 40% 미만, 용적률은 100% 미만이므로 부지가 500㎡이라면 최대 바닥면적 200㎡(60평)까지 지을 수 있다. 그러나 지자체별로 일정 면적 미만일 때는 건폐율을 제한하고 있다. 그런 이유로, 500㎡의 땅의 관리지역이라 하여도 20%의 건폐율을 적용하여 바닥면적 100㎡(30평)으로 지을 수밖에 없는 경우가 발생하기도 된다.

전원주택은 150~200㎡은 되어야 여유 있는 공간으로 쾌적한 생활을 할 수 있는데, 100㎡로는 집을 짓기는 어렵다. 유 씨는 토지이용계획확인원에 따른 제반사항을 검토하지 않았고, 전문가의 도움을 간과하였기 때문에 실패를 한 것이다.

세 번째, 경치에 반하지 마라

그림 같은 절경, 물 좋고 경치 좋은 곳은 자연재해와 습한 기운, 벌레들로 후회하기 마련이다. 경사도가 높으면 배보다 배꼽이 더 큰 토목공사비, 전신주 및 전화 설치비 또한 만만치 않다. 거의 기천만 원 수준이다. 경치가 좋은 곳은 대부분 "물"과 관련된 곳이 많아 오폐수 처리라는 강력한 문제가 발생한다. 따라서 토지이용계획확인원에 따르는 법률적인 제반사항을 확인하여 전원주택지로 이상이 없음을 확인하는 것이 중요하지 경치는 중요하지 않다. 동서고금을 통해, 경치가 좋은 곳은 종교단체와 관련 있는 것을 보면 전원주택지로는 부적합하다고 볼 수 있다.

네 번째, 전원생활은 꿈이 아닌 현실이다

최근에는 방범 차원에서, 안정성 차원에서, 끼리끼리 문화를 그리며 단지형 전원주택을 선호하고 있다. 하지만 전원주택 단지를 선택함에 있어서는 주의할 점이 있다. 인허가 절차 및 허가사항. 준공이 떨어지지 않는 부지도 있음을 알아야 하며, 조망권 및 일조권 확보 여부 및 하수관, 오수관 매설 여부를 확인해야 한다. 간혹, 개인소유로 되어있는 도로가 있을 수 있으므로 단지 내 도로의 소유권 여부를 따져봐야 한다.

먼저 집을 짓고 입주한 전원주택들의 기득권을 보호하기 위해 주변에 있는 이웃과 마찰이 생기지 않도록 조심하면서 전원주택을 지어야 하는 것이 현실이다. 아울러, 공동 커뮤니티 생활로 나만의 편의로 불참석하면 안 되고 공동생활에 어긋나는 행동은 하지 못한다. 자유분방한 도시생활에 익숙한 사람들에게는 다소 불편한 점이 있을 수 있다는 것을 알아야 한다. 이러한 생활에 익숙해지고 나면 전원생활의 여유로움을 찾을 수 있다. 그들만의 문화에 적응하지 못한 투자자들의 하소연을 생각하면, 꼼꼼하게 비교 검토 후 전원생활을 해야 하겠다.

31
토지매입 시
건축 허가 여부는 확인하자

건축 허가 실무에서 중요한 것은 한번 건축허가가 난 곳은 중복하여 건축 허가가 나지 않는다는 것이다. 즉, 앞에 건축 허가를 받았다면 승계하던지 또는 허가권을 취소하고 새롭게 허가를 받는 방법뿐이다.

건축허가권이 있는 토지를 경매를 통하여 낙찰받는 경우, 전 소유자의 건축허가권이 낙찰자에게 승계되지 않는 경우가 왕왕 발생한다. 심지어, 새로운 건축 허가를 받지 못하는 사례도 있다. 따라서, 건축허가가 의심되는 토지 입찰 시에는 건축 허가 여부를 반드시 확인하여야 한다.

1. 건축 허가를 받고, 착공신고 전에 경매로 나온 경우

> 📑 **건축법 제11조**
>
> ⑦ 허가권자는 제1항에 따른 허가를 받은 자가 다음 각 호의 어느 하나에 해당하면 허가를 취소하여야 한다. 다만, 제1호에 해당하는 경우로서 정당한 사유가 있다고 인정되면 1년의 범위에서 공사의 착수 기간을 연장할 수 있다. 〈개정 2014.1.14., 2017.1.17.〉
> 1. 허가를 받은 날부터 2년(「산업집적활성화 및 공장설립에 관한 법률」 제13조에 따라 공장의 신설·증설 또는 업종변경의 승인을 받은 공장은 3년) 이내에 공사에 착수하지 아니한 경우
> 2. 제1호의 기간 이내에 공사에 착수하였으나 공사의 완료가 불가능하다고 인정되는 경우
> 3. 제21조에 따른 착공신고 전에 경매 또는 공매 등으로 건축주가 대지의 소유권을 상실한 때부터 6개월이 경과한 이후 공사의 착수가 불가능하다고 판단되는 경우

① 착공신고 전에 경매 또는 공매 등으로 건축주가 대지의 소유권을 상실한 때부터 6개월이 경과한 이후 공사의 착수가 불가능하다고 판단되는 경우 건축 허가를 취소할 수 있다고 하였지만, 유치권이나 법정지상권 등의 성립과는 별개의 문제로 해석하여야 한다.

② 건축 허가 취소 후, 신규 허가와 기존 건축허가권의 승계의 실익을 검토하여야 한다. 만일, 개발행위허가(농지전용, 산지전용 포함)을 받아 건축허가를 받았다면 새로운 절차를 진행하여야 한다. 건축 허가 신청일을 기준으로 관련 법률이나 지자체의 조례가 변경되면, 새로운 기준으로 건축허가를 받거나 받지 못하는 경우도 발생한다.

2. 건축 허가, 착공신고 후 경매로 나온 경우

① 토지와 건축 중인 건축물이 일괄경매로 나온 경우에는 낙찰 후, 건축주 명의변경을 통해 사용승인을 받을 수 있다.

② 착공신고 후 건축물이 완성되었는데 건축물대장이 없는 경우가 있다. 채권자 대위권이나 법원의 직권명령 등으로 소유권 보존등기는 되었으나 사용승인이 나지 않았다는 의미다. 또한, 불법건축물인 경우에도 사용승인이 나지 않을 수 있다. 특히, 설계자 및 감리자의 설계비 등으로 가압류가 걸려있는 경우로 사용승인이 나지 않은 경우도 있다.

3. 건축 허가, 착공신고 후 토지만 경매로 나온 경우

① 건축물이 있다면, 법정지상권 성립 여부를 살펴봐야 한다. 법정지상권이 성립하지 않는다면 철거하면 된다. 하지만, 이때 역시 기존 건축 허가권이 살아있기 때문에 허가권을 승계하거나 신규 허가 여부를 따져봐야 한다.

② 건축물이 없다면, 허가권자의 재량으로 허가 취소를 결정한다. 즉, 기간 이내에 공사에 착수하였으나 공사의 완료가 불가능하다고 인정되는 경우에 해당한다면 허가 취소가 가능하지만, 그렇지 않다면 허가 취소가 불가능할 수 있다.

32
접도구역과
완충녹지를 아시나요?

도시지역이 아닌, 비도시지역을 다니다 보면 '접도구역'을 종종 보게 된다. 녹지지역에는 접도구역이 없다.

접도구역은 도로 구조의 손괴, 미관 보존 또는 교통에 대한 위험을 방지하고자 도로 경계선으로 일정 거리 이내 지정되는 구역을 말한다. 접도구역은 일반국도의 경우 도로경계선으로부터 20m 이내, 고속국도의 경우 50m를 초과하지 아니하는 범위에서 지정할 수 있으며, 접도구역 내에서는 토지의 형질을 변경하는 행위, 건축물이나 그 밖의 공작물을 신축·개축 또는 증축하는 행위 등이 금지된다.

즉, 개발이 안된다. 교통 방해에 해당하는 지장물 설치도 안된다.

계획관리지역 땅이 300평이 있는데, 100평이 접도구역에 해당되는 경우, 개발행위허가를 받아 건축하는 경우 건폐율과 용적률은 어찌 될까?
건폐율과 용적률 계산 시, 접도구역 면적도 대지면적으로 포함해서 산정한다. 다만, 접도구역에서만 건축행위가 안된다. 300평 중 200평이 있는 곳에, 건폐율 40% 120평, 용적률 100% 300평을 신축할 수 있다. 접도구역만 사용하지 못하고, 나머지 땅을 활용할 수 있다.
따라서, 활용할 수 있는 부지의 모양이 탐탁지 않다면 개발이 불가하다.

그런데, 접도구역에서 일정한 거리를 띄고 건축하게 하는 지자체도 있다. 즉, 접도구역에는 마지막까지 지자체에 확인하는 것이 중요하다.
접도구역으로 지정되면, 토지의 활용가치가 많이 떨어진다. 이러한 경우는 도로 관리청에 매수 청구를 할 수 있다.

다만, 다음의 요건을 갖춰야 한다.
① 접도구역 지정 당시부터 토지를 계속 보유한 사람
② 토지의 사용 수익이 불가능해지기 전 토지를 취득해 보유한 사람
③ ①과 ②에 해당하는 소유자로부터 상속받고 계속 보유한 사람

접도구역은 비도시지역에 지정한다면, 완충녹지는 도시지역에서 지정한다. 완충녹지는 수질오염·대기오염·소음·진동 등 공해의 발생원이 되는 곳 또는 가스폭발, 유출 등 재해가 생겨날 우려가 있는 지역과 주거지역

이나 상업지역 등을 분리시킬 목적으로 두 지역 사이에 설치하는 녹지대를 말한다. 서로 기능상의 마찰을 일으킬 수 있는 지역 사이에 설치되는 것이다. 즉 도로나 철도 주변 주거지대 등, 상호 토지 이용의 혼란 방지 등의 공공 재해를 줄이고 푸른 녹지 보전을 목적으로 하는 녹지를 말한다. 접도구역보다 더 강한 규제를 받는다. 즉, 완충녹지에는 어떤 다른 이면 도로가 없다면 나머지 땅에 건축이 아예 불가능하다. 또한, 완충녹지는 대지면적 산정에서 제외된다. 즉, 건폐율과 용적률 산정 시 완충녹지에서는 처음부터 제외되는 것이다. 다만, 완충녹지로 지정되기 이전에 설치된 기존 도로는 건축 허가 도로로 사용할 수 있다.

예전, 수도권에 아파트 단지에 보면 도로와 혹은 다른 아파트와 연결되는 부분으로 잔디나 나무를 심어 둔 땅이 있는 데 이를 팔아먹은(?) 사례가 있었다.

도시지역이라 해도, 조심해야 할 땅이 있다는 것은 기억하자.

33

자경이 어렵다면, 농지은행에 임대위탁하자

토지 거래를 위축시키는 요인을 고르자면 토지거래허가제와 부재지주에 대한 양도소득세 중과 등을 들 수 있다.

현지에서 자경을 할 수 없는 부재지주들은 지자체 단속이 무서워 마지 못해 임대위탁을 맡긴다. 또는 급전이 필요하여 울며 겨자 먹기로 인근 시세의 70% 선에서 거래를 한다. 예를 들면, 1억 원의 시세 차익이 있어도 주민세 포함 양도소득세는 6,600만 원, 중개 수수료 포함하고 거래세, 보유세 등을 감안하면 실제 실현 수익은 2,000만 원 안팎이라 할 수 있는데, 3천만 원 저렴하게 매도하여 7천만 원의 양도 차익이 있어도 실현 수익은 1,500만 원 이상이 되어 별반 차이가 없으면서 거래를 빠르게 성사시킬 수 있다는 점에서 소위 '던지는 매물'로 둔갑한다. 이런 이유로, 자경 농지와 부재 농지의 시세 차이가 있을 수밖에 없어 바로 옆 땅의 시세와 다르게 형성되는 땅을 보면서 고개를 갸웃거린다. 경자 유전의 원칙을 실현하기 위해 취득한 농지를 농업 경영 등 취득 목적대로 이용하지 않을 경우, 이를 처분토록 함으로써 투기적 수요를 방지하고 있기 때문이다.

📋 **농지법 제10조**(농업경영에 이용하지 아니하는 농지 등의 처분)

① 농지 소유자는 다음 각 호의 어느 하나에 해당하게 되면 그 사유가 발생한 날부터 1년 이내에 해당 농지(제6호의 경우에는 농지 소유 상한을 초과하는 면적에 해당하는 농지를 말한다)를 처분하여야 한다.

〈개정 2009. 5. 27., 2013. 3. 23.〉

1. 소유 농지를 자연재해·농지개량·질병 등 대통령령으로 정하는 정당한 사유 없이 자기의 농업경영에 이용하지 아니하거나 이용하지 아니하게 되었다고 시장·군수 또는 구청장이 인정한 경우

2. 농지를 소유하고 있는 농업회사법인이 제2조제3호의 요건에 맞지 아니하게 된 후 3개월이 지난 경우

3. 제6조제2항제2호에 따라 농지를 취득한 자가 그 농지를 해당 목적 사업에 이용하지 아니하게 되었다고 시장·군수 또는 구청장이 인정한 경우

4. 제6조제2항제3호에 따라 농지를 취득한 자가 자연재해·농지개량·질병 등 대통령령으로 정하는 정당한 사유 없이 그 농지를 주말·체험영농에 이용하지 아니하게 되었다고 시장·군수 또는 구청장이 인정한 경우

5. 제6조제2항제7호에 따라 농지를 취득한 자가 취득한 날부터 2년 이내에 그 목적사업에 착수하지 아니한 경우

5의2. 제6조제2항제10호마목에 따른 농림축산식품부장관과의 협의를 마치지 아니하고 농지를 소유한 경우

5의3. 제6조제2항제10호바목에 따라 소유한 농지를 한국농어촌공사에 지체 없이 위탁하지 아니한 경우

6. 제7조에 따른 농지 소유 상한을 초과하여 농지를 소유한 것이 판명된 경우

7. 거짓이나 그 밖의 부정한 방법으로 제8조제1항에 따른 농지취득 자격 증명을 발급받아 농지를 소유한 것이 판명된 경우

8. 자연재해·농지개량·질병 등 대통령령으로 정하는 정당한 사유 없이 제8조제2항에 따른 농업경영계획서 내용을 이행하지 아니하였다고 시장·군수 또는 구청장이 인정한 경우

관련 지자체는 1년의 처분 의무기간 내에 처분 대상 농지를 처분하지 않는 농지의 소유자에 대해 6개월 안에 해당 농지를 처분할 것을 명할 수 있다. 그리고 농지 처분명령을 받고 정당한 사유 없이 처분 기간 내에 농지를 처분하지 않는 농지소유자에게는 이행강제금을 부과한다. 이행강제금은 공시지가의 20%에 해당하는 금액이며, 이행강제금의 부과는 최초의 처분명령이 있는 날을 기준으로 해 처분명령이 이행될 때까지 매년 1회 반복 부과한다. 물론, 농지소유자가 처분명령을 받으면 한국농촌공사에 해당 농지의 매수를 청구할 수 있다. 이때는 공시지가를 기준으로 매수하고, 실거래 가격이 공시지가보다 낮을 경우에는 실거래 가격을 기준으로 매수한다. 처분 통지를 받은 농지소유자는 농지전용허가(협의·신고)를 받을 수 없으며, 처분의무 회피 수단으로 처분이 이용되는 것을 막기 위해 제3자(세대를 달리하는 자식 포함)에게만 해당 농지의 처분(매매 및 증여)이 가능하다.

결론적으로, 그동안 자경을 하지 않는 부재지주의 농지는 비사업용 토지에 해당되어 매도 시 양도차익의 60%에 해당되는 양도세 중과세 대상으로 농지거래에 어려움이 있어 '던지는 매물'이 나오는 것이었다.

일반 투자자들은 여기까지는 잘 알지만, 위탁영농에 대해서는 아직 모르는 투자자들이 많다. 세법 개정으로 한국농촌공사에서 운용하는 농지 은행에 8년 이상 위탁해 농지은행이 임대(유상)하거나 사용대차(무상) 한 경우에는 재촌·자경하지 않아도 비사업용 토지에서 제외해 양도할 때 9~38%의 일반 누진세율을 적용하며 장기보유특별공제도 받을 수 있어 실제 경작을 하지 않는 도시민도 합법적으로 농지를 소유할 수 있도록 길을 열어두었다. 종전에는 지자체의 농지이용 실태조사에서 적발되지 않을 목적으로 농지은행에 임대위탁했으나 이제는 농지소유도 안전하게 할 수 있을 뿐만 아니라 절세 효과까지 볼 수 있다.

절차를 간략하게 정리하면, 한국농촌공사에 임대를 위탁하면 농촌공사가 현지 조사와 공고를 거쳐 실제 경작할 임차인을 선정한다. 농촌공사는 농사를 지을 임차인과 임대차계약을 체결하고 연간 임대료에서 위탁수수료로 공제하고 농지 소유자에게 지급한다.

다만, 모든 농지를 위탁할 수 있는 건 아니다. 도시지역 및 계획관리지역 내 농지, 농지전용 허가를 받은 농지, 소규모 농지(농업진흥지역 1000㎡ 미만, 진흥 지역 밖 1500㎡ 미만), 영농하지 않아 처분 대상으로 결정한 농지 등은 위탁할 수 없다. 물론, 농지는 언제든지 매각할 수 있다. 매각할 경우에는 남은 임대 기간의 임대료 총액의 20%를 배상금으로 지불하여야 한다.

34
농지를 매입했다면
농지원부를 만들자

세미나나 특강(강의)을 하다 보면, 농지원부에 대한 의미를 모르고 농지
투자에 나서는 것을 보게 된다. 농지투자에서 '덤'이라고 할까, 특혜라고
할까 농지를 매입하였다면 농지원부를 만드는 것이 좋다.

농지원부란 농업인을 증명하는 신분증 같은 기본 자료다. 1천 제곱미터
이상의 농지에서 농작물 또는 다년성 식물을 경작 또는 경작하거나, 농지
에 330제곱 미터 이상의 고정식 온실 등 농업용 시설을 설치하여 농작물
또는 다년성 식물을 재배하는 농업인을 대상으로 작성한다.

농지의 소유 및 이용 실태를 파악하고 효율적으로 이용·관리하기 위해
시·구·읍·면에서는 농지원부를 작성해 비치한다. 이때 농지원부는 소유
관계를 기준으로 작성하는 것이 아니고 경작 현황을 기준으로 작성한다
는 점이 특이하다. 즉, 농지원부는 소유권을 증명하는 것이 아니라 경작
현황을 확인하는 것으로 소유농지든 임차농지든 관계없이 실제로 농사를
짓는 사람이 작성한다.

농지원부의 작성은 담당 공무원이 농지의 소유 및 이용 상황을 파악해 작
성하는 것이 원칙이지만, 농업인 등의 신청에 의해 작성되거나 변동 사항

을 정리하는 것이 일반적이다. 농업인은 특별한 절차나 서식이 없이 방문하거나 전화를 이용해 구두로도 할 수 있지만, 지번과 면적을 알아야 하므로 토지대장을 첨부하는 것이 좋다. 소유관계가 아닌 경작 사실을 기준으로 하는 것이기 때문에 임대차 계약에 의해 농지를 경작하는 경우에는 임대차 계약서와 같은 임차권을 증명할 수 있는 서류를 제출해야 한다. 물론, 농지취득자격증명서를 제출하면 경작 조회 없이 바로 작성이 가능하다.

농지원부에는 농업인 성명, 주민등록번호, 주소, 세대원 사항 등의 농가일반 현황, 소유인 주민번호, 소유면적, 경작 구분(자경/임대 등)의 소유농지 현황, 농지소유자, 임차인 주민번호, 임차인명, 임차기간 등의 임차농지현황, 지번, 농지구분(진흥, 보호, 진흥 밖), 재배작물, 경지정리 여부, 면적 등의 농지 일반현황이 기록된다. 한 세대에서 세대원이 농가주와 함께 농업 경영을 영위하던 중 농가주가 사망·이농·탈농 등의 이유로 더 이상 농업 경영을 영위하지 않을 때 가족 중 1인이 승계해 농업 경영을 계속하는 사실이 확인되면, 농업 승계인이 원할 경우 농가주만 변경되고 종전 내용은 그대로 유지된다.

그렇다면, 왜 농지원부를 만들까? 지자체마다 조금씩 다르지만, 다양한 혜택이 있기 때문이다.
첫 번째, 정부 지원 혜택으로 고등학생의 경우 학자금이 면제되고 대학생은 등록금이 무이자로 융자된다. 또한 만 5세 이하의 영·유아를 보육 시설(유치원)에 보낼 경우 보조금 지원, 면세유 혜택 등 각종 보조금을 지원

해주고 있다. 또한, 단위 농협에 조합원으로 가입하여 각종 혜택을 받을 수 있다.

두 번째, 농지원부 작성 후 2년이 경과해 농지를 취득 시 취득 및 등록세의 50%를 경감 받을 수 있으며, 국민주택채권 매입 시 세금이 면제된다. 또한, 대출할 때 근저당 설정하면 등록세 및 채권 전부를 면제받을 수 있다. 농지원부를 보유하고 8년 이상 재촌 및 자경이 입증되면 당해 농지 양도 시 1억까지 양도소득세가 감면되고 1억 이상의 금액에 대해서는 9~38%의 일반 세율이 적용된다. 개발제한구역에서 농업인의 혜택 부여 시 확인 서류로 사용할 수 있고, 농기계 및 비닐하우스 시설 구입 등을 지원받을 수 있다.

세 번째, 농지를 전용 경우에는 농지전용부담금을 ㎡당 개별공시지가의 30%(최대 5만 원)를 부담해야 하지만, 농업인의 지위를 인정받으면 농지보전부담금이 면제된다. 농가주택이나 농업용 축사 등을 보다 저렴하게 전용할 수 있다는 점에서 매력이 있다.

네 번째, 추가적인 농지 구입이 용이하고, 허가 구역의 인근 시·군·구 농지도 구입할 수 있다. 즉, 신규로 농지를 구입하고자 할 때는 1,000㎡ 이상 구입해야 하나 농지원부를 소유하고 있다면 단 1㎡의 농지라도 구입이 가능하다.

35
개발이 불확실한
산지는 피하자

국토균형 발전 프로젝트와 2040국토종합계획에 따른 농지 및 산지 규제 완화 시그널로 인해 산지 역시, 관심이 높아지고 있지만 유의하여야 할 점도 많다.

첫 번째, 인·허가가 어려워 개발이 불가능한 공익용 보전산지

산지관리법상의 산지는 준보전산지와 보전산지로 구분한다. 보전산지는 공익용 산지와 임업용 산지로 분류한다. 공익용 산지는 백두대간 등 산줄기나 산림자원 보전과 수자원 및 자연환경 생태 보전 등 공익을 목적으로 보존성이 강하여 공공목적 이외에는 엄격하게 개발을 금지하고 있다. 임업용 산지는 공익목적뿐만 아니라 산림보존의 합리적인 범위 내 일반인의 개발과 이용이 부분적으로 허용되기 때문에 투자처로 접근이 가능하다. 결국, 토지이용계획확인원에 '공익용 산지'로 표기되는 산지는 투자대상에서 제외하는 것이 좋다.

두 번째, 분묘기지권이 인정되는 묘지가 있는 산지

산지 매입 시에 현장 답사를 하다 보면 십중팔구 눈에 띄는 것이 묘지다. 사실, 묘지가 없는 산지는 투자처로 매력이 떨어진다. 역으로 생각하면, 풍수지리학상으로 양지바르고 눈에 띄기 쉽게 조상을 모시고 싶어 하는 것은 인지상정이다. 때문에, 명당에 가깝고 용도가 다양한 산지는 묘지가 있다고 보아도 과언이 아니다. 하지만, 분묘기지권으로 인해 건축 등 재산권 행사에 문제가 있을 우려가 있기 때문에 투자자들은 기피하기 마련이다.

투자자를 대동하여 산지를 방문 시 묘지 몇기를 접하면 손사래를 흔들며 발길을 돌리는 것이 열에 아홉은 된다. 이렇게, 분묘기지권이란 타인의 토지에 분묘를 소유하기 위해 관습법상 인정되는 지상권이다. 존속기간은 분묘가 관리되고 있는 동안 존속하고, 분묘기지권이 성립되면 후손들이 분묘를 관리하는 한 강제로 이장할 수 없고, 매수자가 토지 이용에 제한을 받는다.

그러나 매도하기 위해 내놓은 사람의 조상 묘가 있는 산은 묘지 이장 조건을 계약서에 명시하고 계약하면 아무런 문제가 없다. 문제는 임자 없는 묘지다. 이때는, 특약사항에 매도인이 책임지고 묘지 이장 조건을 명시하고 계약을 체결하여야 한다. 또한, 매도인 측에서 이장의 협상 범위까지 해결해 주는 방안도 문제가 없어야 한다. 연고가 있는 분묘는 분묘기지권이 성립된 경우 강제로 개장할 방법이 없다.

무연고 분묘는 그 사유를 기재한 신청서에 그 분묘의 사진을 첨부하여 분묘 소재지를 관할하는 구청장·시장·군수를 거쳐 서울특별시장, 광역시장 또는 도지사에게 제출, 허가를 받아야 한다. 이때 공고는 2종 이상의 일간지에 각각 2회 이상 개장 사유를 공고해야 한다. 공고 기간은 최초의 공고일로부터 2개월로, 그 기간이 지나야 적법하게 개장할 수 있다. 역발상으로의 분묘기지권, 묘지가 많다는 것은 그만큼 명당자리다. 다만, 많은 시간과 협상 능력이 좌우된다는 점 때문에 쉽게 접근하기는 어렵다.

세 번째, 산지전용 제한지역의 산지

산림청의 산지전용 제한지역으로 지정되어 있다면 원칙적으로 개발행위가 금지되기 때문에 무조건 제외한다.

네 번째, 인·허가가 어려운 악산

준보전산지라도 전원주택을 지을 때 경사도 15도 이상(지역에 따라 다름)이면 허가를 내주지 않는다. 또한, 암반 등이 많고 공사 시 재해가 우려되는 산지나 돌산은 피해야 한다. 막대한 토목공사비와 개발비용이 소요되기 때문이다. 건축설계사무소의 조언을 빌리자면, 돌이나 자갈이 많이 섞인 땅이나 암반이 나올 우려가 있는 곳은 공사비가 많이 들어가고 개발이 쉽지 않다고 하고, 반대로 자갈은 없으나 너무 검붉은 땅은 차질고 단단해서 공사가 힘들다. 토질은 건축물의 침식 원인이 될 수 있기 때문에 전문가의 도움을 받는 것이 좋겠다.

다섯 번째, 빼어난 자연환경을 자랑하는 울창한 숲

숲이 울창하고 보존가치가 높은 산지는 피하는 것이 좋다. 산지 전용이 가능한 지역이라도 산림의 모습인 임상이 좋거나 입목 축적(나무의 밀도와 크기)이 임야가 소재한 시·군의 평균치보다 50% 넘게 울창한 지역은 보전성이 강하기 때문에 허가를 받기가 어렵다. 나무가 울창하거나 과일나무 등이 심어진 산지는 해당 수목도 매매 대상인지 파악하여야 하여야 후일 분쟁을 피할 수 있다. 입목등기라 해서 산지 소유자와 수목의 소유자가 다른 경우도 있기 때문에 현장답사 시 반드시 확인하여야 한다.

여섯 번째, 진입 도로 개설 가능성이 없는 산지

진입도로가 없어서 건축 허가가 어려운 맹지는 진입로의 문제에 대한 해결방 안을 강구한 후 매입하여야 한다. 맹지라면, 지방도나 국도 등 기존 도로까지 도로를 낼 수 있는지 여부를 파악하고, 필요시 추가 매입을 하여야 한다. 진입도로를 살 수 있는 여건이 안 된다면 진입도로의 토지주에게 토지사용승낙을 받으면 가능하다. 물론, 단독주택을 축조할 목적으로 산지를 전용하는 경우에는 자기 소유의 산지에서 임도 개설은 가능하다.

농지·산지 규제완화에 대한 기대감으로 자연을 벗 삼아 상대적으로 저렴한 임야에 현장 답사하면서 상기와 같은 점에 유의한다면 최소한 나만의 장기투자는 되지 않을 것이다.

↘ 깃발로 알아보는 토지개발 진행 사항

❶ 흰색:강제 수용된 토지
❷ 노랑색:토지보상 진행중인 토지.
　　즉, 협의가 진행중이나 시간이 좀 걸리는 토지
❸ 파랑색:현재 토지보상 진행중, 6개월이내 완료예정
❹ 빨강색:토지보상이 완료됨. 일반 공사현장에서의 붉은색 깃발은 도로의
　　경계나 법면의 끝, 대지 경계 등을 의미하기도 한다.
❺ 말뚝:토목공사 진행중, 토목공사 시작 및 끝 지점을 의미하기도 한다.

1. 작은 사각형 깃발은 구확정리를 할 때 표기한다.

❶ 흰색깃발:택지개발지역
❷ 노랑깃발:통신 및 전기시설, 기반시설 지역
❸ 파랑깃발:상하수도, 가스공사지역
❹ 빨강깃발:계획도로 공사지역

2. 큰 사각형의 깃발도 있는데, 택지지역을 뜻한다.

노랑깃발은 주거지, 파랑깃발은 공업지, 빨강깃발은 상업지를 의미한다.

36
국가의 정책을 주시하여
이런 산지를 주목하자

어떤 산지(토지)를 골라야 황금알을 낳는 거위를 잡을 수 있을까?

첫 번째, 도로 진입이 수월하고 주변 인프라 및 생활 편의시설과 가까운 곳이 좋다

도로라는 것은 사람이 왕래하면서 커뮤니케이션과 서로 다른 생활권을 연결해 주는 가교 역할을 하는 매개체이다. 그런 이유로, '길'이라는 것은 땅의 가치를 결정짓는 가장 큰 요인이 되는 것이다. 좋은 길을 배후에 두고 있는 토지는 활용가치가 넓어 가격이 높고, 길이 나지 않은 맹지는 건축이 힘들고 거래가 쉽지 않아 쓸모없는 땅으로 분류되며 가격도 낮다.

따라서 토지 투자의 기본적인 성공 요건은 인구 유입이 꾸준한 도로를 끼고 있는 토지에 투자하는 것이다. 도로망이 잘 정비되어 도로 접근성이 좋으면 전원주택으로, 관광단지로, 공장으로, 창고 등 무엇으로 개발하여도 내재가치가 높아지게 되어 실패하지 않는 투자자가 될 수 있다.

최근에는 공간적 거리 개념보다는 시간적 거리가 중요하고, 웰빙 트렌드가 자리 잡아가고 있어 주거는 쾌적함, 상업지는 인구이동, 공장지는 물류지로의 역할도 고려하기 때문에 도로(대중 교통망)와의 접근성이 중요한 잣대로 작용하고 있다.

필자는 투자성을 점검할 때 대형 의료시설과 쇼핑시설, 초등학교를 찾아 투자처를 중심으로 직선거리와 시간거리를 가늠해 본다.

두 번째, 교통이 좋아지고 관광자원이 풍부한 지역을 눈여겨보아야 한다

최근, 부동산 투자의 흐름을 변화시킨 요인 중 가장 강력한 드라이브는 국가 정책에 달려있다. 국가, 토지공사, 지자체(지방자치단체) 등의 개발은 대상 부지의 입지뿐만 아니라 동심원으로 퍼져나가 주변지역이 개발되는 효과까지 가져온다. 즉, 대규모 택지 개발이나 지구단위계획, 정부가 발주하는 국도나 철도 등 주요 사회간접자본(SOC) 건설 사업이 진행되면 대상 부지는 엄청난 내재가치를 안게 되는 것이다. 한마디로 땅 팔자가 바뀌는 것이다.

이렇게 주변의 개발로 인해 도로가 신설, 확장되고 교통 여건이 좋아질 뿐 아니라 유동 인구까지 늘고 지역 발전으로 사업의 투자가치를 높아지게 한다는 점에 포커스를 둔다면 투자의 방향을 잡을 수 있다.

또 하나, 관심 있게 지켜봐야 할 개발 트렌드 중의 하나가 지자체의 특화 사업이다. 많은 지자체는 외지인을 끌어들일 수 있는 문화상품을 개발하여 관광사업과 연계시키면서 이벤트를 열고 있다. 지자체의 역점 사업으로 자리 잡고 있는 관광 상품과 연계되는 개발 부지는 훌륭한 투자 상품이다.

세 번째, 토지 투자의 웰빙은 조망권, 그러나 개발 행위허가는 받을 수 있어야 한다

현대인의 문화코드를 꼽자면 바로 웰빙을 추구하는 것이다. 그런 흐름 때문인지 최근에 개발하는 전원주택지는 자연을 최대한 활용하여 비용을 절감하면서 웰빙 문화를 만끽할 수 있도록 지어진다. 단지를 자연스럽게 조성할 수 있으나, 경사가 완만하지 않은 곳은 개발 허가를 받기 어렵고 설령 허가를 받는다 하더라도 토목공사비 등 부대비용이 발생한다. 웰빙을 추구하는 흐름에 맞추어 도로 개설과 건축 허가 비용을 고려하여 투자성이 있다고 판단되면 투자해도 되겠다. 이때 개발 행위허가를 받을 수 있는지는 필수적으로 체크해야 한다.

네 번째, 목적에 맞는 땅을 찾아야 한다

"쓸 만한 땅을 찾는다." "어느 지역이라도 상관없다. 좋은 투자처를 소개해 달라." "언제 살지 모르지만 시세를 알고 싶다."라는 말을 하는 투자자는 십중팔구 계약을 하지 않는 부류라고 보아도 무방하다. 그만큼 땅에 투자한다면서 목적이 없다는 것은 방향을 잃은 나침반과 같다고 할 수 있다.

집을 짓기에 좋은 땅은 정사각형이고 근린생활시설을 고려할 때는 도로에 접한 면이 넓은 직사각형이 좋다. 공장이나 물류부지를 고려할 때는 주위 환경을 고려하여 도로 접근성이 최단거리를 확보할 수 있는 땅이 좋다. 과거와 같은 묻지마 투자는 어렵다. 실수요자로 접근하든 장기투자로 접근하든 목적이 분명하여야 땅을 보는 안목이 생길 것이다.

다섯 번째, 지자체가 지역개발에 호의적인지 확인하자

아직도, 지방은 혈연관계 및 지연관계로 얽혀 있어 땅을 사서 개발을 하고자 할 때는 지자체의 협조뿐만 아니라 지역주민과의 유대관계도 중요하다. 지역을 기반으로 하는 사업이기 때문이다. 지역 주민들의 원성은 바로 '표'로 연결되기 때문에 지역 주민들과의 융화는 사업의 성패가 달려 있다고 보아도 과언이 아니다. 수익사업의 경우, 일부를 지역 발전을 위해 내놓기도 하고 주민들을 위해 편의시설을 제공하기도 하는 노력이 중요하다. 다른 토지 투자와는 달리, 산지 투자는 동일한 사업이라 할지라도, 지역 주민과 지자체의 도움으로 사업 추진 결과는 다를 수 있다는 것을 안다면 지자체의 의욕적인 개발 의지는 땅 투자의 플러스적인 요인이라 할 수 있다.

여섯 번째, 인구 유입이 꾸준히 늘어나는 성장형 도시라면 주목할 만하다

인구가 꾸준히 늘고 있다는 것은 산업 활동 인구가 많아 생산과 소비가 왕성한 역동성 있는 청·장년층과 같다. 도시의 자연스러운 확대로 인해 개발에 필요한 많은 산지들은 오늘과 다른 모습을 보이는 것은 시간문제다. 인구의 변화에 따른 지자체의 개별 호재를 확인하고, 미래의 성장을 주도하는 국가 정책을 주시한다면 투자의 방향을 잡을 수 있을 것이다.

기본기

37

토지이용계획 확인서에서
보물 찾기

최근에 토지 매수를 희망하는 초보투자자의 전화를 받았다. 토지 투자를 하기에 앞서, 관심 지역에 대해 물건을 분석하는 데 도무지 모르겠다고 한다. 지역 중개업소의 말을 들어보면 좋은 땅인 것 같은데 기획부동산 소식이나, 자칫 잘못 투자하면 애물단지가 된다는 말을 들으니 섣부르게 투자에 나설 수 없다는 것이다.

필자는 투자자에게 그동안 분석한 내용을 들어보기로 하였다. 아니나 다를까 토지이용계획확인서 관련 내용은 10% 정도 언급하고, 등기부등본과 주변 환경에 대해 90%의 시간을 할애하는 것이 아닌가?

토지이용계획확인서의 내용을 확인하지 않고, 주변 환경이나 풍경에 반하고 지역 호재에 이끌려 투자하는 것을 왕왕 보게 된다. 하지만 토지시장은 과거의 묻어두기 투자가 아닌 개발과 이용의 시대로 진행되고 있다. 과거의 묻어두기 투자로 인해 대박을 보았다는 기사로 보고 많은 투자자들이 토지 투자의 과도기에 혼란을 겪고 있는 것이다.

땅의 호적등본과 같은 토지이용계획확인서는 땅의 현재 상태와 활용 가능성 여부 및 규제사항 등 토지에 관한 모든 것을 한눈에 확인할 수 있는 문서이다. 토지 소재지 주소와 지번, 지목, 면적 등의 기본적인 사항과 함께 도시관리계획상의 용도지역, 용도지구, 용도구역, 도시계획시설, 지구단위 계획 여부 등을 표시해 놓았다.

확인 내용으로 해당 사항이 많을수록 규제가 그만큼 많다는 뜻이고 이는 재산권 행사에 걸림돌이 많다는 의미로 가능한 한 '해당 없음'이 많은 땅이 활용도가 크다고 보면 된다.

이렇듯, 해당 부동산에 대한 권리 분석의 시작이 등기부등본에 있다고 보면, 토지의 시작은 토지이용계획확인서에 있다. 시중에 채권, 채무의 권리관계 분석에 관련된 자료로 넘쳐나지만 토지의 이용에 관한 분석은 많지 않다. 다음은 토지이용계획확인서에 관련된 법조문들이다. 아울러, 많은 지면을 차지하는 토지이용 규제 기본법 제5조1호 관련 "토지이용규제를 하는 지역·지구"를 살펴보기 바란다.

📑 **토지이용규제 기본법 제10조**(토지이용계획확인서의 발급 등)

① 시장·군수 또는 구청장은 다음 각 호의 사항을 확인하는 서류(이하 "토지이용계획확인서"라 한다)의 발급 신청이 있는 경우에는 대통령령으로 정하는 바에 따라 토지이용계획확인서를 발급하여야 한다.
1. 지역·지구 등의 지정 내용
2. 지역·지구 등에서의 행위 제한 내용
3. 그 밖에 대통령령으로 정하는 사항
   가.「국토의 계획 및 이용에 관한 법률」제117조에 따라 지정된 토지거래 계약에 관한 허가구역
   나. 그 밖에 일반 국민에게 그 지정 내용을 알릴 필요가 있는 사항으로서 국토교통부령으로 정하는 사항
② 제1항에 따라 토지이용계획확인서의 발급을 신청하는 자는 시장·군수 또는 구청장에게 그 지방자치단체의 조례로 정하는 수수료를 내야 한다.

수많은 지역·지구들로 인하여, 토지 투자는 막연하게 어렵다는 생각을 하게 된다. 하지만, 토지의 효율적인 이용을 적극 장려한다는 측면에서 묻어두기보다는 개발에 포커스를 두고 접근해야 하는 것이다. 그렇다면 규제가 최소화되는 지역에 투자하는 것이 최상이겠지만 흠결 있는 지역을 해결할 때 수익은 극대화될 수 있다.

38
땅의 호적등본은
토지(임야)대장

토지(임야)대장은 토지의 성질을 한눈에 파악할 수 있는 서류로, 이를 통해 토지(임야)의 소재지와 지번, 지목(변경 여부), 면적, 소유권의 변동사항 등을 확인할 수 있다. 그리고 하단에 토지의 등급과 개별공시지가가 표기된다. 여러 명의 명의로 되어 있는 경우에는 공유자 명부가 첨부되어 있다. 토지대장에서 면적과 지목을 주목할 필요가 있는데, 거래하고자 하는 땅의 면적과 지목이 토지 등기부등본상에 다르게 기재되어 있거나 혹은 실제 토지의 면적이나 지목이 다를 경우, 토지(임야)대장에 나타나는 면적과 지목을 기준으로 거래한다.

토지(임야)대장은 지적 사항을 확인하는 서류라 할 수 있다.

↘ 땅도 건강검진 받는다

토양검정사업… 땅 건강 상태 따라 비료 종류, 사용량 등 처방

#사례 1

양주시에서 피망을 키우고 있는 김씨는 예년보다 작황이 좋지 않아 걱정이다. 하우스 시설이나 배수에도 문제가 없어 혹시 땅이 문제인가 싶어 경기도 농업기술원에 도움을 청했다. 기술원에서는 토양을 정밀 검사한 후에 "땅심이 약하고 인산성분이 많다"라고 진단하고 사용할 밑거름, 웃거름, 퇴비 종류와 양까지 처방해 줬다.

#사례 2

화성시에서 포도를 재배하는 이씨도 농업기술원에 토양검정을 의뢰해 시비처방서를 받아보고 자신의 포도밭에 무슨 문제가 있는지 정확히 알게 됐다. 기술원은 "성화가 심하고 땅심이 약하며 인산 성분이 적다"라며 5~10년생 포도나무에 알맞은 비료 및 토양관리 방법을 처방했다. 또 포도밭에 지하수위가 높거나 물이 솟는 토양으로 습해가 우려된다며 배수시설 설치를 권했다.

이처럼 도농업기술원에서 시행하는 '토양검정사업'이 호응을 얻고 있다.
이 사업은 작물 재배지역의 토양을 필지별로 정밀검사해 적합한 비료량을 산출하고 시비처방서를 발급하는 것으로 사람에 비하면 '종합건강검진'이다.
농사를 짓고 있는 땅에 대한 검정을 원하는 농민이라면 누구나 시군 농업기술센터에서 무료로 토질 검사를 받을 수 있다.
농업기술원 관계자는 "시군과 합동으로 각 지역의 주요작물 재배지 등 4만 3천 필지에 대해 토양정밀검사를 실시 중"이라며 "농업인에게도 작물별 시비량 추천과 토양관리 등 종합정보를 제공하고 있다"고 말했다.

39
현황상의
위치 파악은 지적도

지적도(임야도)에는 토지의 소재, 지번, 지목, 경계, 도면의 색인도·제명 및 축척, 도곽선 및 도곽선 수치, 좌표에 의하여 계산된 경계점 간 거리 등이 등록되어 있다. 경계점좌표등록부(수치지적부)를 비치하는 지역 내의 지적도에는 제명 끝에 '수치'라는 표시를 추가하고, 도곽선 우측 하단에 '이 도면에 의하여 측량을 할 수 없음'이라 기재한다.

현장답사하면서 의외로 지적도의 효용을 알지 못하고 간과하는 경우가 있다. 부동산의 형상과 지번만 확인할 뿐 더 이상의 가치를 두고 있지 않는 것이다. 일반 투자자들이 토지 경매나 투자를 하기 위해 현장 답사를 할 경우, 지적도를 보고 현장을 판단하기는 어렵기 때문인 것 같다. 그러나 자연의 힘은 꾸준히 지형을 변화시키기 때문에 도로와 경계, 그리고 현재 위치를 중심으로 땅의 모양을 찾아야 하는 중요한 자료이다.

지적도와 임야도는 땅의 전체적인 모양과 주변 땅과의 인접관계, 도로 상황을 확인할 수 있고 맹지 여부를 판단할 수 있기 때문에 세밀하게 확인하는 것이 좋다. 지적도상 도로가 접해 있어야 개발행위허가가 가능하기 때문에 가장 먼저 확인하는 부분이 바로 도로 접근성이다. 물론 현황도로가 있다면 허가가 가능할 수 있지만, 그 외의 경우에는 반드시 도로에 접해 있어야 한다. 하천이나 구거(도랑) 옆에 있는 땅은 하천의 범람이나 물리적인 힘에 의해 지적도 상의 경계와 현황이 다를 수 있으므로 현장답사와 함께 대조하는 습관이 중요하다.

지번 앞에 '산'이 있으면 임야도를 발급받아야 하고 지목은 임야라도 지번 앞에 '산'이 있으면 임야도를 발급받아야 한다. 지목은 임야라도 지번 앞에 '산'이 없는 일반 지번의 경우에는 '토임'이라 해서 등록 전환되었기 때문에 지적도를 확인하여야 한다. 일부 시·군의 경우 임야도를 발급받으면 '산지이용 구분도'가 첨부되어 있어 보전산지와 준보전산지가 혼재되어 있을 경우 확인이 가능하다.

지적도 하나를 가지고 땅을 찾기란 쉽지 않은 일이기에, 인근의 지적도와 임야도를 함께 지번도를 중심으로 확인하는 것이 좋다.

안전한 거래는
등기부등본에서 시작한다

토지등기부등본은 토지의 소유권과 그 외의 권리관계가 명시된 서류, 즉 토지의 소유주를 확인할 수 있는 공부(公簿)다. 토지에 건물이 있을 경우, 건물의 등기부 등본은 별도로 존재하므로 이를 확인하여야 한다.

거래를 할 때 등기부등본상의 명의자와 실제 계약 체결자가 다르면 반드시 관계를 확인해야 한다. 이를 확인하지 않아 잔금을 치른 후에도 소유권 이전등기가 되지 않거나 땅을 활용하지 못하는 경우가 발생할 수 있기 때문이다. 따라서 등기부등본은 보는 법을 숙지하여야 안전한 거래가 가능하다.

첫째, 실소유주와 계약자의 일치 여부를 확인하여야 한다.

거래 후 원소유자가 나타나 소유권을 박탈당하는 사례가 종종 있는 것을 보면 신분증을 통해 꼭 확인하여야 한다. 만일, 불가피한 사정이 있어 대리로 거래를 할 경우에는 부동산 매도에 대한 위임장을 확인해야 하고 잔금 지급과 소유권이전 등기는 동시이행의 관계로 성립되도록 한다.

둘째, 토지 등기부등본에 나타나 있는 법적 권리관계를 꼼꼼히 따져야한다.

경매, 저당권, 가압류, 가처분, 가등기, 예고등기와 같은 사항들이 설정되어 있는지 확인하여야 하는 것이다.

가압류와 가처분은 토지 거래를 하지 못하도록 법원의 결정이 있었다는이유로 소유권이전이 되지 않고, 가등기 역시 소유권이전등기가 종료되었다 하더라도 가등기권자가 승소하면 가등기 이후의 소유권은 말소대상이 되기 때문에 유의해야 한다. 전 소유자를 대신하여 채무를 변제하여야하는 저당권, 등기원인의 무효 및 취소에 의한 등기의 말소 또는 회복의소가 제기되는 경우 제3자에게 경고의 효력을 주는 예고등기, 진정한 소유권의 보호를 받기 어려운 경매 등 소유권의 이전이 쉽지 않은 땅은 피하는 것이 좋다.

셋째, 토지 등기부등본에 나타나 있지 않은 권리관계도 있으므로 별도로 확인해야 한다.

토지에 소유자가 아닌 사람이 묘지를 쓴 경우에는 아무리 소유권 이전을해도 함부로 묘지를 이장하라고 요구할 수가 없는 분묘기지권, 해당 주민들이 관습적으로 도로 등이 사용하여 소유권이전 어렵거나 땅과 건물의소유자가 달라져도 땅의 분리된 건물이나 나무의 소유권은 인정되는 법정지상권, 건물 소유자에게 채권을 변제받을 때까지 점유, 임차, 유지할수 있는 점유권, 임차권, 유치권 등이 있다. 이러한 권리는 등기부등본상에 기재되지 않아, 현장답사를 통해 탐문과정을 거쳐야 한다.

넷째, 소유권의 변동 및 이력사항을 확인하자.

오랜 기간 동안 거래를 없는 땅은 진정한 소유자임을 확인하여야 한다. 간혹, 서류를 위조하고 등기부등본상의 소유주와 비슷한 연령대를 내세워 거래를 하는 사기 사건도 있다. 또한, 거래가 너무 잦은 땅도 진정한 소유자를 파악하기 어려운 경우가 있다. 따라서 장기간 토지 거래가 없는 땅은 해당 지역에서 오랜 기간 거래한 부동산업자나 이장 등을 통해 진위 여부를 확인하는 것이 좋다.

토지의 내력을 파악하는 것은 다소 시간과 비용을 들더라도 꼼꼼한 현장 확인과 전문가를 활용하는 것이 함정을 피할 수 있다. 안전한 거래의 시작은 등기부등본에서 시작한다는 것, 꼭 숙지할 필요가 있다.

☑ 처분권이 없다고?

주택이나 상가의 경우에는 소유권에 대해 어느 정도 명확하여, 진정성 여부가 확인 가능하지만 토지는 상대적으로 유의할 점이 많다. 보존등기나 이전등기가 된 후 오래된 땅이 있는가 하면, 등기부등본, 토지 및 건축물관리대장, 지적도(임야도) 등 소유자가 불일치한 경우도 있기 때문입니다. 매도인이 처분권이 있는 진정한 권리자가 아니거나 외관상 소유자인 계약자가 계약금만 받아 챙기고 사라지거나, 혹은 잔금까지 다 받고도 분쟁으로 토지소유권 이전등기가 진행되지 않는 사례가 있는 것을 보면 더더욱 확인하여야 할 부분이다.

1. 매도인의 동일성 진정성 및 처분권의 확인

① 계약 전 매수인은 매도인이 등기부상 소유명의인과 동일한 사람인지 여부와, 만일 위임을 받아 나왔다면 매도인의 진정한 수임인지를 확인하는 것이 중요하다. 기본이고 원칙인데, 당연시하면서 간과하는 경우가 많다. 상대방의 말만 믿을 것이 아니라, 매도인 측의 유효한 인감증명서와 위임장 등 서류로 입증해야 한다. 이 점은 부부관계나 부자관계 등의 경우에도 마찬가지로 확인하여야 한다.

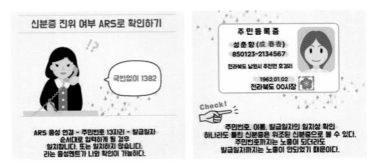

② 토지의 경우 토지대장(임야대장) 상 소유자와 등기부 상 소유자가 일치해야 하는데, 만일 서로 다를 경우에는 이를 일치시킨 후 계약을 진행하여야 한다. 토지등기부만 있는 무허가 주택도 있고, 건축물대장과 건축물등기가 없는 농가주택도 있다.

③ 토지의 등기부상 소유자가 사망자로 되어 있고, 그의 배우자나 자녀가 매도를 하려는 경우에는 매도인 측에서 상속등기를 한 후, 상속인(상속을 받은 자)과 계약을 진행하여야 한다. 또한, 상속인이 여러명으로 되어 있는 경우에는 공유자로서 전원과 계약하거나, 혹은 위임을 받은 대표수임자와 계약을 진행한다. 위임장은 서면으로 하고, 인감도장이 찍힌 위임인의 확인이 필요하다. 대리인이 발급받은 인감증명서보다는 본인이 직접 발급받은 인감증명서를 신뢰하는 것이 좋다.

2. 등기부 상 토지에 신탁등기가 되어 있는 경우

신탁자는 신탁 목적에 따라 신탁재산의 관리·처분에 제한을 받으므로 매수자는 신탁자와 신탁재산에 관한 매매계약을 해서는 안된다. 매매계약은 수탁자(수탁을 받은 사람 혹은 신탁회사)와 해야 하며, 부득이 신탁자와 임시계약을 한다 해도 반드시 수탁자의 동의(합의)를 조건으로 한다고 하는 조건부 특약이 있어야 한다.

3. 목적토지가 종중의 소유인 경우

오래된 종중이나 소규모 종중의 경우에는 부동산등기용등록번호 및 규약이 없거나 이사회회의록을 만들 수 없는 유령과 같은 종중이 의외로 많다. 실체를 알 수 없는 경우가 많다는 것이다. 원인무효 소송으로 진행되어 계약금을 떼이는 사례도 왕왕 발생하고 있다.

4. 공유토지의 지분 매수인 경우

매수대상 토지가 공유지분인 경우 공유지분을 매입하는 것은 사적자치의 원칙에 따라 아무런 제한이 없다. 하지만, 민법 규정에 따라 인수 이후에 공유물 전체 혹은 일부를 사용하거나 처분 변경하고자 할 때에는 다른 공유자의 동의를 얻어야 하며, 자기 혼자 마음대로 할 수 없다. 즉, 공유물 토지 일부를 주말농장으로 사용한다든지, 집을 짓는다든지 진입도로를 내려면 다른 공유자 전원 동의(공유물의 처분, 변경) 혹은 과반수 동의(공유물의 사용 관리)를 받아야 한다. 공유물을 분할하는 경우에도 공유자 전원의 동의가 필요하다. 때문에, 공유지분 투자를 꺼려 하는데, 접근 방식(경매)에 따라서는 좋은 투자처가 될 수도 있다.

41
땅의 가치를
결정하는 3총사

왜 같은 동네 논과 밭인데 땅값은 다를까?

이러한 의문을 해결하기 위해서는 땅의 종류와 가치를 결정하는 '용도지역' '용도지구' '용도구역' 등 용도 3총사를 제대로 이해하여야 한다.

1. 용도지역(用途地域)

국토의 계획 및 이용에 관한 법률에서 "용도지역"이란 토지의 이용 및 건축물의 용도·건폐율·용적률·높이 등을 제한함으로써 토지를 경제적·효율적으로 이용하고 공공복리의 증진을 도모하기 위하여 서로 중복되지 아니하게 도시·군 관리 계획으로 결정하는 지역을 말한다.

이를 토대로, 국토의 계획 및 이용에 관한 법률의 시행령에서 다음과 같이 세분화한다. 도시지역, 관리지역, 농림지역, 자연환경보전지역이다.

국토는 토지의 이용 실태 및 특성, 장래의 토지 이용 방향, 지역 간 균형 발전 등을 고려하여 다음과 같은 용도지역으로 구분한다. 〈개정 2013.05.22.〉

1. **도시지역**:인구와 산업이 밀집되어 있거나 밀집이 예상되어 그 지역에 대하여 체계적인 개발·정비·관리·보전 등이 필요한 지역
2. **관리지역**:도시지역의 인구와 산업을 수용하기 위하여 도시지역에 준하여 체계적으로 관리하거나 농림업의 진흥, 자연환경 또는 산림의 보전을 위하여 농림지역 또는 자연환경보전지역에 준하여 관리할 필요가 있는 지역
3. **농림지역**:도시지역에 속하지 아니하는 「농지법」에 따른 농업진흥지역 또는 「산지관리법」에 따른 보전산지 등으로서 농림업을 진흥시키고 산림을 보전하기 위하여 필요한 지역
4. **자연환경보전지역**:자연환경·수자원·해안·생태계·상수원 및 문화재의 보전과 수산자원의 보호·육성 등을 위하여 필요한 지역

도시지역은 주거지역, 상업지역, 공업지역, 녹지지역으로 세분화하고, 관리 지역은 보전관리지역, 생산관리지역, 계획관리지역으로 세분화하여 분류하고 있다.

📖 법 제36조(용도지역의 지정)

① 국토교통부장관, 시·도지사 또는 대도시 시장은 다음 각 호의 어느 하나에 해당하는 용도지역의 지정 또는 변경을 도시·군 관리계획으로 결정한다.

1. **도시지역**:다음 각 목의 어느 하나로 구분하여 지정한다.

   가.주거지역:거주의 안녕과 건전한 생활환경의 보호를 위하여 필요한 지역

   나.상업지역:상업이나 그 밖의 업무의 편익을 증진하기 위하여 필요한 지역

   다.공업지역:공업의 편익을 증진하기 위하여 필요한 지역

   라.녹지지역:자연환경·농지 및 산림의 보호, 보건위생, 보안과 도시의 무질서한 확산을 방지하기 위하여 녹지의 보전이 필요한 지역

2. **관리지역**:다음 각 목의 어느 하나로 구분하여 지정한다.

   가.보전관리지역:자연환경 보호, 산림 보호, 수질오염 방지, 녹지공간 확보 및 생태계 보전 등을 위하여 보전이 필요하나, 주변 용도지역과의 관계 등을 고려할 때 자연환경보전지역으로 지정하여 관리하기가 곤란한 지역

   나.생산관리지역:농업·임업·어업 생산 등을 위하여 관리가 필요하나, 주변 용도지역과의 관계 등을 고려할 때 농림지역으로 지정하여 관리하기가 곤란한 지역

   다.계획관리지역:도시지역으로의 편입이 예상되는 지역이나 자연환경을 고려하여 제한적인 이용·개발을 하려는 지역으로서 계획적·체계적인 관리가 필요한 지역

3. **농림지역**

4. **자연환경보전지역**

② 국토교통부장관, 시·도지사 또는 대도시 시장은 대통령령으로 정하는 바에 따라 제1항 각 호 및 같은 항 각 호 각 목의 용도지역을 도시·군관리 계획결정으로 다시 세분하여 지정하거나 변경할 수 있다.

📋 시행령 제30조(용도지역의 세분)

국토교통부장관, 시·도지사 또는 「지방자치법」 제175조에 따른 서울특별시·광역시 및 특별자치시를 제외한 인구 50만 이상 대도시(이하 "대도시"라 한다)의 시장(이하 "대도시 시장"이라 한다)은 법 제6조제항에 따라 도시·군관리계획결정으로 주거지역·상업지역·공업지역 및 녹지지역을 다음 각 호와 같이 세분하여 지정할 수 있다.

1.주거지역

　가.전용주거지역:양호한 주거환경을 보호하기 위하여 필요한 지역

　　(1) 제1종전용주거지역:단독주택 중심의 양호한 주거환경을 보호하기 위하여 필요한 지역

　　(2) 제2종전용주거지역:공동주택 중심의 양호한 주거환경을 보호하기 위하여 필요한 지역

　나.일반주거지역:편리한 주거환경을 조성하기 위하여 필요한 지역

　　(1) 제1종일반주거지역:저층주택을 중심으로 편리한 주거환경을 조성하기 위하여 필요한 지역

　　(2) 제2종일반주거지역:중층주택을 중심으로 편리한 주거환경을 조성하기 위하여 필요한 지역

　　(3) 제3종일반주거지역:중고층주택을 중심으로 편리한 주거환경을 조성하기 위하여 필요한 지역

　다.준주거지역:주거기능을 위주로 이를 지원하는 일부 상업기능 및 업무기능을 보완하기 위하여 필요한 지역

2.상업지역

　가.중심상업지역:도심·부도심의 상업기능 및 업무기능의 확충을 위하여 필요한 지역

　나.일반상업지역:일반적인 상업기능 및 업무기능을 담당하게 하기 위하여 필요한 지역

　다.근린상업지역:근린지역에서의 일용품 및 서비스의 공급을 위하여 필요한 지역

　라.유통상업지역:도시내 및 지역간 유통기능의 증진을 위하여 필요한 지역

3.공업지역

　　가.전용공업지역:주로 중화학공업, 공해성 공업 등을 수용하기 위하여 필요한 지역

　　나.일반공업지역:환경을 저해하지 아니하는 공업의 배치를 위하여 필요한 지역

　　다.준공업지역:경공업 그 밖의 공업을 수용하되, 주거기능·상업기능 및 업무기능의 보완이 필요한 지역

4.녹지지역

　　가.보전녹지지역:도시의 자연환경·경관·산림 및 녹지공간을 보전할 필요가 있는 지역

　　나.생산녹지지역:주로 농업적 생산을 위하여 개발을 유보할 필요가 있는 지역

　　다.자연녹지지역:도시의 녹지공간의 확보, 도시 확산의 방지, 장래 도시용지의 공급 등을 위하여 보전할 필요가 있는 지역으로서 불가피한 경우에 한하여 제한적인 개발이 허용되는 지역

2. 용도지구(用途地區)

용도지구란 토지의 이용 및 건축물의 용도·건폐율·용적률·높이 등에 대한 용도지역의 제한을 강화하거나 완화하여 적용함으로써 용도지역의 기능을 증진시키고 경관·안전 등을 도모하기 위하여 도시·군 관리 계획으로 결정하는 지역을 말한다. 즉, 용도지역의 제한을 강화 또는 완화하여 용도지역의 기능을 증진시킨다고 되어 있다.

용도지구는 중복 지정이 가능하다는 점에서 용도지역과는 다르다. 또한,

건폐율과 용적률, 건축물의 규모, 높이, 형태, 부속건축물의 제한 등을 별도로 정하고 있기 때문에 해당 지자체의 도시계획조례를 확인하여야 한다. 많은 투자자들이 '토지이용계획확인원'에 기재된 내용안을 믿고 거래시 낭패를 보는 경우가 있다. 바로, 지자체에서 새로운 용도지구를 공고한 사실을 관과 하기 때문이다. 따라서 관공서에 건축행위 등 다른 규제사항 여부를 확인하는 습관이 중요하다.

국토의 계획 및 이용에 관한 법률 제37조(용도지구의 지정)을 참조하면, 경관지구, 고도지구, 방화지구, 방재지구, 보호지구, 취락지구, 개발진흥지구, 특정용도제한지구, 복합용도지구, 그 밖에 대통령령으로 정하는 지구가 있다.

그 밖의 대통령령으로 정하는 지구란 국토의 계획 및 이용에 관한 법률 시행령 제31조(용도지구의 지정)에 경관지구는 자연경관지구·시가지경관지구·특화경관지구로, 방재지구는 시가지방재지구·자연방재지구로, 보호지구는 역사문화관광보호지구·중요시설물보호지구·생태계보호지구로, 취락지구는 자연취락지구와 집단취락지로, 개발진흥지구는 주거개발진흥지구, 산업·유통개발진흥지구, 관광·휴양개발진흥지구, 복합개발진흥지구, 특정개발진흥지구로 세분화되어 있다. 이러한 용도지구들이 있다는 정도로 이해하고, 필요한 경우 해당 법률을 참조하기 바란다.

3. 용도구역(用途區域)

국토의 계획 및 이용에 관한 법률에서 용도구역이란 토지의 이용 및 건축

물의 용도, 건폐율, 용적률, 높이 등에 대한 용도지역 및 용도지구의 제한
을 강화하거나 완화하여 따로 정함으로써 시가지의 무질서한 확산 방지,
계획적이고 단계적인 토지이용의 도모, 토지이용의 종합적 조정·관리 등
을 위하여 도시·군 관리 계획으로 결정하는 지역이다.

일반적으로 용도지역이 토지 이용에 용도지구가 건물 이용에 초점을 맞
추고 있다면, 용도구역은 행위 제한에 초점이 맞춰져 있다.

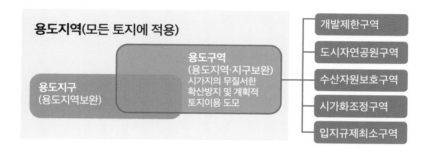

개발제한구역은 개발제한구역의 지정 및 관리에 관한 특별조치법 제38
조 개발제한구역의 지정을 참조하고, 도시자연공원구역은 국토의 계획
및 이용에 관한 법률 제38조의2(도시자연공원구역의 지정), 시가화조정
구역은 국토의 계획 및 이용에 관한 법률 제39조(시가화조정구역의 지
정), 수산자원보호구역은 국토의 계획 및 이용에 관한 법률 제40조(수산
자원보호구역의 지정), 입지규제최소지역은 국토의 계획 및 이용에 관한
법률 제40조의2(입지규제최소구역의 지정 등)을 참조하기 바란다.

42

지목을 알면
땅의 가치가 보인다

지목은 법률상의 용어로, "토지의 주된 용도에 따라 토지의 종류를 구분하여 토지 공부에 등록한 것"을 말한다. 법률은 "공간 정보의 구축 및 관리 등에 관한 법률(공간정보관리법)"이다. 2015년 6월 4일 개정되었다.

지목은 가장 기초적인 토지의 분류 방법이라고 할 수 있다. 그런데 지목과 용도지역의 차이점은 무엇일까. 용도지역이 땅의 지역적인 특성에 따라 분류한 것이라면 지목은 해당 필지의 용도에 따라 분류한 것이라 할 수 있다. 정책적 필요에 따라 지정된 용도지역은 땅 주인의 의지로 용도변경 할 수 없지만 지목은 특별한 사정이 없는 한 땅 주인의 의지에 비해 변경이 가능하다. 개발행위 시 공부상의 지목도 중요하지만, 더 중요한 것은 현황상의 지목과 비교하는 것이다. 위험 시설과 인접한 땅, 저지대에 위치한 땅, 폭이 8m 이하인 땅, 진입도로에 2m 이상 접해 있지 않은 땅, 진입로 폭이 4m 이하인 땅, 경사 15도 이상인 땅에 붙어있는 꼬리표(지목)는 활용도가 떨어져 가치가 떨어지는 만큼 되도록 투자를 피하는 것이 좋다.

1. 전

물을 상시적으로 이용하지 않고 곡물·원예작물(과수류는 제외한다)·약초·뽕나무·닥나무·묘목·관상수 등의 식물을 주로 재배하는 토지와 식용(食用)으로 죽순을 재배하는 토지

2. 답

물을 상시적으로 직접 이용하여 벼·연(蓮)·미나리·왕골 등의 식물을 주로 재배하는 토지

3. 과수원

사과·배·밤·호두·귤나무 등 과수류를 집단적으로 재배하는 토지와 이에 접속된 저장고 등 부속시설물의 부지. 다만, 주거용 건축물의 부지는 "대"로 한다.
농지는 전·답·과수원까지다. 과수원 안에 주거용 건축물이 있다면 농지가 아니고, 지목은 "대"로 한다.

4. 목장용지

다음 각 목의 토지. 다만, 주거용 건축물의 부지는 "대"로 한다.
가. 축산업 및 낙농업을 하기 위하여 초지를 조성한 토지
나. 「축산법」 제2조제1호에 따른 가축을 사육하는 축사 등의 부지
다. 가목 및 나목의 토지와 접속된 부속시설물의 부지

5. 임야

산림 및 원야(原野)를 이루고 있는 수림지(樹林地)·죽림지·암석지·자갈땅·모래땅·습지·황무지 등의 토지

6. 광천지

지하에서 온수·약수·석유류 등이 용출되는 용출구(湧出口)와 그 유지(維持)에 사용되는 부지. 다만, 온수·약수·석유류 등을 일정한 장소로 운송하는 송수관·송유관 및 저장시설의 부지는 제외한다.

7. 염전

바닷물을 끌어들여 소금을 채취하기 위하여 조성된 토지와 이에 접속된 제염장(製鹽場) 등 부속시설물의 부지. 다만, 천일제염 방식으로 하지 아니하고 동력으로 바닷물을 끌어들여 소금을 제조하는 공장시설물의 부지는 제외한다.

8. 대

가. 영구적 건축물 중 주거·사무실·점포와 박물관·극장·미술관 등 문화시설과 이에 접속된 정원 및 부속시설물의 부지

나. 「국토의 계획 및 이용에 관한 법률」 등 관계 법령에 따른 택지조성공사가 준공된 토지

9. 공장용지

가. 제조업을 하고 있는 공장시설물의 부지

나. 「산업집적활성화 및 공장설립에 관한 법률」 등 관계 법령에 따른 공장부지 조성공사가 준공된 토지

다. 가목 및 나목의 토지와 같은 구역에 있는 의료시설 등 부속시설물의 부지

10. 학교용지

학교의 교사(校舍)와 이에 접속된 체육장 등 부속시설물의 부지

11. 주차장

자동차 등의 주차에 필요한 독립적인 시설을 갖춘 부지와 주차전용 건축물 및 이에 접속된 부속시설물의 부지.

다만, 다음 각 목의 어느 하나에 해당하는 시설의 부지는 제외한다.

가. 「주차장법」 제2조제1호가목 및 다목에 따른 노상주차장 및 부설주차장(「주차장법」 제19조제4항에 따라 시설물의 부지 인근에 설치된 부설주차장은 제외한다)

나. 자동차 등의 판매 목적으로 설치된 물류장 및 야외전시장

12. 주유소용지

다음 각 목의 토지. 다만, 자동차·선박·기차 등의 제작 또는 정비공장 안에 설치된 급유·송유 시설 등의 부지는 제외한다.

가. 석유·석유제품 또는 액화석유가스 등의 판매를 위하여 일정한 설비를 갖춘 시설물의 부지

나. 저유소(貯油所) 및 원유 저장소의 부지와 이에 접속된 부속시설물의 부지

13. 창고용지

물건 등을 보관하거나 저장하기 위하여 독립적으로 설치된 보관시설물의 부지와 이에 접속된 부속시설물의 부지

14. 도로

다음 각 목의 토지. 다만, 아파트·공장 등 단일 용도의 일정한 단지 안에 설치된 통로 등은 제외한다.

가. 일반 공중(公衆)의 교통 운수를 위하여 보행이나 차량 운행에 필요한 일정한 설비 또는 형태를 갖추어 이용되는 토지

나. 「도로법」 등 관계 법령에 따라 도로로 개설된 토지

다. 고속도로의 휴게소 부지

라. 2필지 이상에 진입하는 통로로 이용되는 토지

15. 철도용지

교통 운수를 위하여 일정한 궤도 등의 설비와 형태를 갖추어 이용되는 토지와 이에 접속된 역사(驛舍)·차고·발전시설 및 공작창(工作廠) 등 부속 시설물의 부지

16. 제방

조수·자연유수(自然流水)·모래·바람 등을 막기 위하여 설치된 방조제·방수제·방사제·방파제 등의 부지

17. 하천

자연의 유수(流水)가 있거나 있을 것으로 예상되는 토지

18. 구거

용수(用水) 또는 배수(排水)를 위하여 일정한 형태를 갖춘 인공적인 수로·둑 및 그 부속시설물의 부지와 자연의 유수(流水)가 있거나 있을 것으로 예상되는 소규모 수로부지

19. 유지(溜池)

물이 고이거나 상시적으로 물을 저장하고 있는 댐·저수지·소류지(沼溜地)·호수·연못 등의 토지와 연·왕골 등이 자생하는 배수가 잘 되지 아니하는 토지

20. 양어장

육상에 인공으로 조성된 수산생물의 번식 또는 양식을 위한 시설을 갖춘 부지와 이에 접속된 부속시설물의 부지

21. 수도용지

물을 정수하여 공급하기 위한 취수·저수·도수(導水)·정수·송수 및 배수 시설의 부지 및 이에 접속된 부속시설물의 부지

22. 공원

일반 공중의 보건·휴양 및 정서생활에 이용하기 위한 시설을 갖춘 토지로서 「국토의 계획 및 이용에 관한 법률」에 따라 공원 또는 녹지로 결정·고시된 토지

23. 체육용지

국민의 건강증진 등을 위한 체육활동에 적합한 시설과 형태를 갖춘 종합운동장·실내체육관·야구장·골프장·스키장·승마장·경륜장 등 체육시설의 토지와 이에 접속된 부속시설물의 부지. 다만, 체육시설로서의 영속성과 독립성이 미흡한 정구장·골프연습장·실내수영장 및 체육도장, 유수(流水)를 이용한 요트장 및 카누장, 산림 안의 야영장 등의 토지는 제외한다.

24. 유원지

일반 공중의 위락·휴양 등에 적합한 시설물을 종합적으로 갖춘 수영장·유선장(遊船場)·낚시터·어린이놀이터·동물원·식물원·민속촌·경마장 등의 토지와 이에 접속된 부속시설물의 부지. 다만, 이들 시설과의 거리 등으로 보아 독립적인 것으로 인정되는 숙식시설 및 유기장(遊技場)의 부지와 하천·구거 또는 유지[공유(公有)인 것으로 한정한다]로 분류되는 것은 제외한다.

25. 종교용지

일반 공중의 종교의식을 위하여 예배·법요·설교·제사 등을 하기 위한 교회·사찰·향교 등 건축물의 부지와 이에 접속된 부속시설물의 부지

26. 사적지

문화재로 지정된 역사적인 유적·고적·기념물 등을 보존하기 위하여 구획된 토지. 다만, 학교용지·공원·종교용지 등 다른 지목으로 된 토지에 있는 유적·고적·기념물 등을 보호하기 위하여 구획된 토지는 제외한다.

27. 묘지

사람의 시체나 유골이 매장된 토지, 「도시공원 및 녹지 등에 관한 법률」에 따른 묘지공원으로 결정·고시된 토지 및 「장사 등에 관한 법률」 제2조 제9호에 따른 봉안시설과 이에 접속된 부속시설물의 부지. 다만, 묘지의 관리를 위한 건축물의 부지는 "대"로 한다.

28. 잡종지

다음 각 목의 토지. 다만, 원상 회복을 조건으로 돌을 캐내는 곳 또는 흙을 파내는 곳으로 허가된 토지는 제외한다.

가. 갈대밭, 실외에 물건을 쌓아두는 곳, 돌을 캐내는 곳, 흙을 파내는 곳, 야외 시장, 비행장, 공동우물

나. 영구적 건축물 중 변전소, 송신소, 수신소, 송유 시설, 도축장, 자동차 운전학원, 쓰레기 및 오물처리장 등의 부지

다. 다른 지목에 속하지 않는 토지

이렇게, 공간정보관리법에 있지만 다음과 같이 한 글자의 약어로 표기한다.

지목	부호	지목	부호	지목	부호	지목	부호
전	전	대	대	철도용지	철	공원	공
답	답	공장용지	장	제방	제	체육용지	체
과수원	과	학교용지	학	하천	천	유원지	원
목장용지	목	주차장	차	구거	구	종교용지	종
임야	임	주유소용지	주	유지	유	사적지	사
광천지	광	창고용지	창	양어장	양	묘지	묘
염전	염	도로	도	수도용지	수	잡종지	잡

전부, 앞 글자로 표기하는데 4개의 지목만 두번째 음절로 표기한다. 공원이 있기에 공장 용지는 "장", 주유소 용지가 있기에 주차장은 "차", 유지가 있기에 유원지는 "원", "하"로 시작하는 단어가 없는데도 하천은 "천"이다. 학교 때문이다. 발음상 첫 발음이 구분이 안되니, 학교에 양보(?) 한 것이다.

과수원 내의 주거용 건물, 목장용지 내의 주거용 건물, 묘지의 관리를 위한 건축물의 부지는 "대"로 한다. 학교용지 안의 학교는 "대"가 아니고 학교용지이고, 공장 용지 안의 공장은 "대"가 아니고 공장용지다. 문화재는 사적지, 종교용지 내의 종교 건물은 종교용지, 실내체육관은 체육용지다. 하천은 자연적으로 발생하는 비교적 큰 규모이고, 구거는 인공적으로 형성되는 비교적 작은 규모의 수로다. 구거의 범람을 막기 위해 둑을 세우는 경우는 둑은 구거다. 그런데, 하천의 범람을 막기 위해 둑을 세운다. 그때 둑의 부지는 제방이다.

답은 "상시적으로 직접 물을 이용하여 벼. 연. 미나리. 왕골 등의 식물을 주로 재배하는 토지"라고 되어 있다. 유지는 "물이 고이거나 상시적으로 물을 저장하고 있는 댐.저수지.소류지.연못.호수 등의 토지와 연.왕골 등이 자생하는 배수가 잘 되지 아니한 토지"라고 되어 있다. 답에도 연.왕골이 있고 유지에도 연.왕골이 있다. 결국, 배수가 잘 되지 않으면 유지이고 배수가 잘 되면 답이다.

43
농지개발 시
농지보전부담금

농지보전부담금은 한정된 자원인 농지를 보전하고 관리, 조성하는데 필요한 재원을 확보하기 위하여 농지를 다른 용도로 전용하는 자에게 원인자부담 성격의 경제적 부담을 주는 것을 말한다.

즉, 농지보전부담금은 무분별한 농지 훼손을 막고 전용이 필요한 경우 최소한의 면적을 사용하고 거기서 환수되는 세금으로 새로운 농지를 조성하여 국가가 식량을 안정적으로 국민에게 공급할 수 있도록 하는 것이 목적이라고 할 수 있다.

1. 농지법 제38조(농지보전부담금)

① 다음 각 호의 어느 하나에 해당하는 자는 농지의 보전·관리 및 조성을 위한 부담금("농지보전부담금")을 농지관리기금을 운용·관리하는 자에게 내야 한다.

❶ 농지전용허가를 받는 자

❷ 농지전용협의를 거친 지역 예정지 또는 시설 예정지에 있는 농지(같은 호 단

서에 따라 협의 대상에서 제외되는 농지를 포함한다)를 전용하려는 자

❸ 농지전용에 관한 협의를 거친 구역 예정지에 있는 농지를 전용하려는 자

❹ 농지전용협의를 거친 농지를 전용하려는 자

❺ 다른 법률에 따라 농지전용허가가 의제되는 협의를 거친 농지를 전용하려는 자

❻ 농지전용신고를 하고 농지를 전용하려는 자

② 농림축산식품부장관은 농지보전부담금을 한꺼번에 내기 어렵다고 인정되는 경우에는 대통령령으로 정하는 바에 따라 농지보전부담금을 나누어 내게 할 수 있다.

❶ 농지보전부담금이 농림축산식품부령으로 정하는 금액 이상인 경우

✓ 개인:건당 2,000만 원 / 개인 이외:건당 4,000만 원

✓ 농지법 시행령 제50조(농지보전부담금의 분할납부)

• 농지를 전용하려는 자는 법 제38조제2항에 따라 농지보전부담금을 분할납부하려는 경우에는 납부하여야 할 농지보전부담금의 30%를 해당 농지전용허가 또는 농지전용신고 전에 납부하고, 그 잔액은 4년의 범위에서 농림축산식품부령으로 정하는 바에 따라 분할하여 납부하되, 최종 납부일은 해당 목적사업의 준공일 이전이어야 한다.

• 한국농어촌공사는 납부의무자가 농지보전부담금 분할 잔액을 납부기한에 내지 아니하는 경우에는 납부기한이 지난 후 10일 이내에 10일 이내의 기간을 정한 독촉장을 발급하고 그 사실을 농림축산식품부장관에게 보고하여야 한다.〈신설 2016.1.19.〉

③ 농림축산식품부장관은 농지보전부담금을 나누어 내게 하려면 대통령령으로 정하는 바에 따라 농지보전부담금을 나누어 내려는 자에게 나누어 낼 농지보전부담금에 대한 납입보증보험증서 등을 미리 예치하게 하여야 한다.

⑤ 농지관리기금을 운용·관리하는 자는 다음 각 호의 어느 하나에 해당하는 경우 대통령령으로 정하는 바에 따라 그에 해당하는 농지보전부담금을 환급하여야 한다.〈개정 2015.1.20.〉

❶ 농지보전부담금을 낸 자의 허가가 취소된 경우

❷ 농지보전부담금을 낸 자의 사업 계획이 변경된 경우

❸ 농지보전부담금을 납부하고 허가를 받지 못한 경우

❹ 그 밖에 이에 준하는 사유로 전용하려는 농지의 면적이 당초보다 줄어든 경우

⑦ 농지보전부담금은 부동산 가격 공시에 관한 법률에 따른 해당 농지의 개별공시지가의 범위에서 대통령령으로 정하는 부과기준을 적용하여 산정한 금액으로 한다.〈개정 2015.1.20., 2016.1.19.〉

2. 농지법 시행령 제53조(부과기준)

① 법 제38조제7항에 따른 농지보전부담금의 제곱미터당 금액은 부동산 가격 공시에 관한 법률에 따른 해당 농지의 개별공시지가의 100분의 30으로 한다.〈개정 2016.1.19., 2016.8.31.〉

② 제1항에 따라 산정한 농지보전부담금의 제곱미터당 금액이 농림축산식품부령으로 정하는 금액을 초과하는 경우에는 농림축산식품부령으로 정하는 금액을 농지보전부담금의 제곱미터당 금액으로 한다.

3. 농지법 시행규칙 제47조의2(농지보전부담금의 제곱미터당 상한 금액)

영 제53조제2항에서 "농림축산식품부령으로 정하는 금액"이란 각각 5만 원을 말한다.

4. 농지법 제39조(전용허가의 취소 등)

① 농림축산식품부장관, 시장·군수 또는 자치구구청장은 농지전용허가 또는 농지의 타용도 일시사용허가를 받았거나 농지전용신고 또는 농지의 타용도 일시사용신고를 한 자가 다음 각 호의 어느 하나에 해당하면 농림축산식품부령으로 정하는 바에 따라 허가를 취소하거나 관계 공사의 중지, 조업의 정지, 사업 규모의 축소 또는 사업 계획의 변경, 그 밖에 필요한 조치를 명할 수 있다. 다만, 제7호에 해당하면 그 허가를 취소하여야 한다.〈개정 2017.10.31.〉

❶ 거짓이나 그 밖의 부정한 방법으로 허가를 받거나 신고한 것이 판명된 경우
❷ 허가 목적이나 허가 조건을 위반하는 경우
❸ 허가를 받지 아니하거나 신고하지 아니하고 사업계획 또는 사업 규모를 변경하는 경우

❹ 허가를 받거나 신고를 한 후 농지전용 목적사업과 관련된 사업 계획의 변경 등 대통령령으로 정하는 정당한 사유 없이 2년 이상 대지의 조성, 시설물의 설치 등 농지전용 목적 사업에 착수하지 아니하거나 농지전용 목적 사업에 착수한 후 1년 이상 공사를 중단한 경우

❺ 농지보전부담금을 내지 아니한 경우

❻ 허가를 받은 자나 신고를 한 자가 허가 취소를 신청하거나 신고를 철회하는 경우

❼ 허가를 받은 자가 관계 공사의 중지 등 이 조 본문에 따른 조치 명령을 위반한 경우

② 농림축산식품부장관은 다른 법률에 따라 농지의 전용이 의제되는 협의를 거쳐 농지를 전용하려는 자가 농지보전부담금 부과 후 농지보전부담금을 납부하지 아니하고 2년 이내에 농지전용의 원인이 된 목적 사업에 착수하지 아니하는 경우 관계 기관의 장에게 그 목적 사업에 관련된 승인·허가 등의 취소를 요청할 수 있다. 이 경우 취소를 요청받은 관계 기관의 장은 특별한 사유가 없으면 이에 따라야 한다.〈신설 2015.1.20.〉

5. 농지보전부담금 계산

> 전용하고자 하는 면적(㎡) x ㎡당 개별공시지가 x 30%
> (단, ㎡당 5만 원을 초과하는 경우에는 5만 원으로 상한 제도 도입)

예를 들어, ㎡당 30,000원 하는 농지 200평을 전용하고자 하다면,

농지 660㎡(200평) x 30,000원/㎡ x 30%=5,940,000원이 나온다.

만일, ㎡당 개별공시지가가 200,000원이라면

200,000원 x 30%=60,000원이 나오나요?

그럼, 상한 제도로 인해 50,000원 적용.

따라서, 660㎡(200평) x 50,000원=33,000,000원이 된다.

즉, 농지 200평인 경우 최대 전용부담금은 33,000,000원이라는 것이다. 그래서, 실무적으로 1평은 최대 165,000원(=3.3㎡(1평) x 50,000원) 그 10평은 1,650,000원, 100평은 16,500,000원, 200평은 33,000,000원이 된다. 100평은 16,500,000원이니, 이것만 기억하면 농지전용부담금을 가늠할 수 있겠다.

일반적인 절차로는 다음과 같다.

① 농지전용허가신청서 접수

② 검토·심사 후 허가 또는 불허 통보

③ 허가 시 한국농어촌공사에 농지보전부담금 부과결정 통보

④ 농지보전부담금 납입 통지서 발급

⑤ 납부

⑥ 농지전용자에게 영수증 발급

⑦ 영수증 제시 후 허가권자로부터 허가증 수령

44
산지 개발시는
대체산림자원조성비가 있다

대체산림자원조성비란 산지전용허가 등에 따라 산지를 다른 용도로 사용
하려는 사람이 이를 대체하여 국가에서 산림을 다시 조성하기 위해 필요
한 일부 비용을 정부에 내는 비용을 말한다.

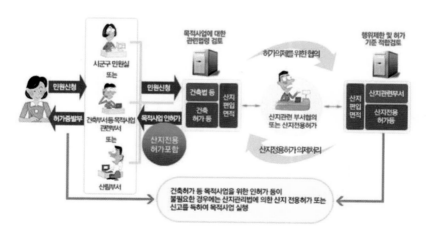

1. 산지관리법 제16조(산지전용허가 등의 효력)

① 산지전용허가, 산지전용신고, 산지일시사용허가 및 산지일시사용신고의 효력은 다음 각 호의 요건을 모두 충족할 때까지 발생하지 아니한다.〈개정 2016.12.2.〉

❶ 해당 산지전용 또는 산지일시사용의 목적 사업을 시행하기 위하여 다른 법률에 따른 인가·허가·승인 등의 행정처분이 필요한 경우에는 그 행정처분을 받을 것

❷ 대체산림자원조성비를 미리 내야 하는 경우에는 대체산림자원조성비를 납부할 것

❸ 복구비를 예치하여야 하는 경우에는 복구비를 예치할 것

2. 산지관리법 제19조(대체산림자원조성비)

① 다음 각 호의 어느 하나에 해당하는 자는 산지전용과 산지일시사용에 따른 대체산림자원 조성에 드는 비용("대체산림자원조성비")을 미리 내야 한다.

❶ 산지전용허가를 받으려는 자

❷ 산지일시사용허가를 받으려는 자

❸ 다른 법률에 따라 산지전용허가 또는 산지일시사용허가가 의제 되거나 배제되는 행정처분을 받으려는 자

⑦ 대체산림자원조성비의 감면 대상·비율 및 감면 기간 등에 필요한 사항은 대통령령으로 정한다.〈신설 2018.3.20.〉

⑧ 대체산림자원조성비는 산지전용 또는 산지일시사용되는 산지의 면적에 부과 시점의 단위 면적당 금액을 곱한 금액으로 하되, 단위 면적당 금액은 산림청장이 결정·고시한다. 이 경우 산림청장은 제4조에 따라 구분된 산지별 또는 지역별로 단위 면적당 금액을 달리할 수 있다.〈개정 2018.3.20.〉

⑨ 대체산림자원조성비(미리 내는 대체산림자원조성비는 제외한다)를 내야 하는 자가 납부기한까지 내지 아니하면 국세 체납처분의 예 또는 지방세외수입금의 징수 등에 관한 법률에 따라 징수할 수 있다.〈개정 2018.3.20.〉

⑩ 대체산림자원조성비의 납부 기한, 대체산림자원조성비의 단위 면적당 금액의 세부 산정기준(부동산 가격 공시에 관한 법률에 따른 해당 산지의 개별공시지가를 일부 포함한다) 등에 관한 사항은 대통령령으로 정한다.〈개정 2018.3.20.〉

3. 산지관리법 제19조의2 (대체산림자원조성비의 환급)

① 산림청장 등은 대체산림자원조성비를 낸 자가 다음 각 호의 어느 하나에 해당하는 경우에는 대체산림자원조성비의 전부 또는 일부를 환급하여야 한다. 다만, 형질이 변경된 면적의 비율에 따라 대체산림자원조성비를 차감하여 환급할 수 있으며, 복구비를 예치하지 아니한 자의 경우에는 산지 복구에 필요한 비용을 미리 상계(相計) 한 후 환급할 수 있다.〈개정

2018.3.20.〉

❶ 산지전용허가를 받지 못한 경우

❷ 산지일시사용허가를 받지 못한 경우

❸ 산지전용허가 또는 산지일시사용허가가 취소된 것으로 보게 되는 경우

❹ 산지일시사용기간 또는 산지전용기간 이내에 목적사업을 완료하지 못하고 그 기간이 만료된 경우

❺ 산지전용허가 또는 산지일시사용허가가 취소된 경우

❻ 다른 법률에 따라 산지전용허가, 산지일시사용허가를 받지 아니한 것으로 보게 되는 경우

❼ 사업 계획의 변경이나 그 밖에 대통령령으로 정하는 사유로 대체산림자원조 성비의 부과 대상 산지의 면적이 감소된 경우

❽ 대체산림자원조성비를 낸 후 그 부과의 정정 등 대통령령으로 정하는 사유 가 발생한 경우

② 복구 준공검사를 받은 경우에는 대체산림자원조성비를 환급하지 아니 한다. 다만, 다음 각 호의 어느 하나에 해당하는 경우에는 그러하지 아니 하다.〈신설 2018.3.20.〉

❶ 대체산림자원조성비를 잘못 산정하였거나 그 부과금액이 잘못 기재된 경우

❷ 대체산림자원조성비의 부과 대상이 아닌 것에 대하여 부과된 경우

4. 산지관리법 제20조(산지전용허가의 취소 등)

① 산림청장 등은 산지전용허가 또는 산지일시사용허가를 받거나 산지전 용신고 또는 산지일시사용신고를 한 자가 다음 각 호의 어느 하나에 해당

하는 경우에는 농림축산식품부령으로 정하는 바에 따라 허가를 취소하거나 목적 사업의 중지, 시설물의 철거, 산지로의 복구, 그 밖에 필요한 조치를 명할 수 있다. 다만, 제1호에 해당하는 경우에는 그 허가를 취소하거나 목적사업의 중지 등을 명하여야 한다.

❶ 거짓이나 그 밖의 부정한 방법으로 허가를 받거나 신고를 한 경우
❷ 허가의 목적 또는 조건을 위반하거나 허가 또는 신고 없이 사업 계획이나 사업규모를 변경하는 경우
❸ 대체산림자원조성비를 내지 아니하였거나 복구비를 예치하지 아니한 경우
❹ 재해 방지 또는 복구를 위한 명령을 이행하지 아니한 경우
❺ 허가를 받은 자가 목적 사업의 중지 등의 조치 명령을 위반한 경우
❻ 허가를 받은 자가 허가 취소를 요청하거나 신고를 한 자가 신고를 철회하는 경우

5. 산지관리법 시행령 제21조(대체산림자원조성비)

① 산림청장 등은 산지전용허가 또는 산지일시사용허가를 받은 날부터 다음 각 호의 구분에 따른 기한까지 대체산림자원조성비를 납부할 것을 조건으로 산지전용허가 또는 산지일시사용허가를 할 수 있다.

❶ 납부할 금액이 1천만 원 미만일 때:20일 이상 30일 이내
❷ 납부할 금액이 1천만 원 이상 5천만 원 미만일 때:30일 이상 60일 이내
❸ 납부할 금액이 5천만 원 이상일 때:60일 이상 90일 이내

② 산림청장등은 산출한 대체산림자원조성비 총 납부금액이 5억 원 이상

인 경우에는 이행보증금을 예치하게 한 후 4년 이내의 기간 동안 분할하여 납부하게 할 수 있다.

6. 2019년 대체산림자원조성비 부과단가 고시

[시행 2019.3.18.] [산림청고시 제2019-19호, 2019.3.18., 제정]

① 대체산림자원조성비 부과금액 계산방법

> 산지전용일시사용허가면적×(단위면적당 금액+해당 산지의 개별공시지가의 1000분의 10)

② 단위 면적당 금액
❶ 준보전산지:4,800원/㎡
❷ 보전산지:6,240원/㎡
❸ 산지전용제한지역:9,600원/㎡

③ 개별공시지가 일부 반영비율:개별공시지가의 1000분의 10
※ 개별공시지가 반영 최고액은 단위면적당 금액 4,800원/㎡으로 한정

7. 대체산림자원조성비 계산

해당 부지는 준보전산지, 개별공시지가는 30,000원/㎡, 전용하고자 하는 면적은 660㎡라고 하겠다.

① 대체산림자원조성비=660㎡ x 4,800원=3,168,000원

그래서, 3,168,000원을 납부하면 된다.

② 대체산림자원조성비=660㎡ x [4,800원+(30,000×10/1000)]

=660㎡ x [4,800원+300원]=3,366,000원

그래서, 3,366,000원을 납부하면 된다.

③ 어느 금액이 맞을까?

8. 2019년 1만㎡당 복구비 산정기준 금액

[시행 2018.2.14.] [산림청고시 제2018-15호, 2018.2.14., 제정]

① 산지전용(일시사용)허가·신고지(광물의 채굴지는 제외한다)

❶ 경사도 10도 미만:52,294,000원

❷ 경사도 10도 이상 20도 미만:154,562,000원

❸ 경사도 20도 이상 30도 미만:204,280,000원

❹ 경사도 30도 이상:265,446,000원

② 토석채취(매각)지 및 광물채굴지

❶ 경사도 10도 미만:148,706,000원

❷ 경사도 10도 이상 20도 미만:277,885,000원

❸ 경사도 20도 이상 30도 미만:361,460,000원

❹ 경사도 30도 이상:441,169,000원

③ 산지관리법 제40조의2에 따른 산지복구공사감리 대상인 경우에는 복구비 산정 금액에 「엔지니어링사업대가의 기준」별표1에 의한 "공사감리" 요율을 곱한 금액을 추가로 예치하여야 한다.

부 칙〈제2019-19호, 2019.3.18.〉
이 고시는 고시한 날부터 시행한다.

45

공장총량제를
아시나요?

공장·학교·기타 인구집중유발시설이 수도권에 과도하게 집중되지 않도록 신설 및 증설의 총 허용량을 측정, 분석 결과를 내어 기준치를 정하여 이를 초과하는 신·증설을 규제할 수 있다는 제도다. 1994년에 도입된 공

장 총량제는 내용 및 방법에 관하여 수도권정비위원회의 심의를 거쳐 국토교통부장관이 고시한다. 서울, 인천, 경기도의 수도권에만 적용한다.

수도권 규제 현황(자료:전국경제인연합회, 경기개발연구원	
공업지역 지정 및 공업용지 조성 제한	• 수도권을 과밀억제·성장관리·자연보전권역으로 나눠 개발 제한 • 성장관리·자연보전권역은 수도권 정비계획에 반영된 공업지역 지정만 허용 • 과밀억제·성장관리권역 내 30만m^2 이상 공업용지 조성은 심의 후 허용
공장 신증설 제한 및 총량 규제	• 과밀억제·성장관리·자연보전권역 내 500m^2 이상의 공장 신증설 제한 • 국토교통부가 3년 단위로 시도별 공장건축 면적의 총량을 정해 규제
과밀부담금 부과	과밀억제권역 내 일정 규모 이상 업무용 건축물 등에 면적에 비례한 부담금 징수
개발사업 제한	• 과밀억제·성장관리·자연보전권역 택지 조성 및 도시개발사업 시 100만m^2 이상은 심의 후 허용 • 개발제한구역 내 건축물 용도 변경, 토지분할 제한
환경 관련 규제	• 자연보전권역 내 특정 유해물질 배출시설 입지 제한 • 대기환경규제 지역 오염물질 총량 규제로 공장 신증설 제한

1. 공장총량제의 대상

공장 건축물의 신축·증축 또는 용도변경 면적을 대상으로 하면, 건축물관리대장 기준 건축별 연면적 500㎡ 이상의 공장건축물이 규제 대상이다.

① 공장부지 조성은 공장총량제 대상이 아니다.

② 건축별 연면적 500㎡ 미만의 건축물은 총량제 대상이 아니다.

✓ 적용대상 제외

❶ 지식산업센터

❷ 가설건축물 및 건축법상 허가나 사전신고 대상이 아닌 건축

❸ 수도권정비계획법 18 조에 따른 공장총량 배제지역

공장부지를 조성하여 총량물량 배정을 받기는 어렵지만, 500㎡ 미만의 건축물을 지어서 수익을 창출하기도 한다.

2. 공장 총 허용량의 산출

권역별 '공장' 규제			
	과밀억제권역	성장관리권역	자연보전권역
대형건출물	과밀부담금부과 (서울만 해당)	규제없음	금지(단, 창고시설과 주차장은 제외)
공장	총량규제	총량규제	총량규제
공업지역지정	위치 변경만 심의 후 허용	이미 계획된 공업지역과 수도권정비계획에 반영된 공업지역을 허용	3만m² 미만은 허용 3만m²~6만m² 이하는 심의 후 허용

① 국토교통부장관은 수도권정비위원회의 심의를 거쳐 공장건축의 총허용량을 산출하는 방식을 정하여 관보에 고시하여야 한다.

② 국토교통부장관은 3년마다 수도권정비위원회의 심의를 거쳐 시·도별 공장건축의 총 허용량을 결정하여 관보에 고시하여야 한다.

③ 시·도지사는 과거 3년간의 공장건축량, 공업용지 중 공장 설립 가능지역 및 향후 3년간의 공장건축 예상량 등 시·도별 총 허용량 설정에 관계되는 기초자료를 시·도별 총 허용량을 결정하는 해의 1월 31일까지 국토교통부장관에게 제출하여야 한다.

④ 시·도지사는 시·도별 총 허용량의 범위에서 연도별 배정계획을 수립하여 국토교통부장관의 승인을 받은 후 그 내용을 해당 시·도의 공보에 고시하여야 한다.

⑤ 시·도지사는 관할 시·군 또는 구의 지역별 여건을 고려하여 공장건축을 계획적으로 관리할 필요가 있다고 인정하는 경우에는 관계 행정기관과 협의하여 승인을 받은 연도별 배정계획의 범위에서 지역별로 공장건축의 총 허용량을 배정할 수 있으며, 지역별·연도별 총 허용량을 배정하는 경우에는 그 내용을 시·도에서 발행하는 공보에 고시하여야 한다.

3. 공장 총 허용량의 집행

① 국토해양부장관은 시·도의 연도별 공장건축량이 연도별 배정계획을 지나치게 많이 초과할 우려가 있는 경우에는 수도권정비위원회의 심의를 거쳐 업종, 규모 및 기간 등을 정하여 해당 시·도의 공장건축을 제한할 수 있으며, 그 제한 내용을 관보에 고시하여야 한다.

② 시·도지사는 지역별·연도별 총 허용량을 배정한 경우 해당 지역의 연도별 공장건축량이 지역별·연도별 총 허용량을 지나치게 많이 초과할 우려가 있는 경우에는 업종, 규모 및 기간 등을 정하여 해당 지역의 공장건축을 제한할 수 있으며, 그 제한 내용을 시·도에서 발행하는 공보에 고시

하여야 한다.

③ 시장·군수 또는 구청장은 공장 총량관리대장을 작성·관리하고, 공장
건축량을 월별로 다음 달 10일까지 시·도지사를 거쳐 국토해양부장관에
게 보고하여야 한다.

수도권정비계획법상 권역별 규제현황(자료=국토교통부)		
구분	과밀 억제	성장 관리	자연 보전
행정구역	서울·구리·하남 등 16개 시	동두천·안산·오산·평택 등 14개 시, 1개 군	이천·광주·가평·양평 등 6개 시, 2개 군
면적	2,101km²	5,857km²	3,860km²
공동규제	공장총량규제(3년 단위로 공장건축 총량 배정)·4년제 대학 신설 금지		
개별규제	• 공업지역 신규 지정 불가(위치 변경만 허용) • 대형 건축물에 과밀부담금 부과(서울시에 한해) • 연면적 3만m²이상 연수시설 금지	• 30만m²이상 공업지역 지정심의 후 허용 • 3만m²이상 연수시설 심의 후 허용 • 100만m²이상 택지 조정 심의 후 허용	• 대형 건축물 신축 금지 (오염총량제 시행 지역은 허용) • 4년제 대학 이전 금지

(표의 면적 단위: km^2, 규제 면적 단위: m^2)

4. 공장총량의 확인

해당 시·군의 건축과에서 공장총량의 배정 및 집행사항을 확인해 준다.

46
토지거래허가,
공인된 투자처다

토지거래허가구역을 공인된 투자처라 함은 고개를 갸우뚱거릴 수 있다.
토지거래허가구역이란 토지의 투기적인 거래가 성행하거나 지가가 급격
히 상승하는 지역과 그러한 우려가 있는 지역을 말한다. 토지거래허가제
는 토지 소유의 편중 및 무절제한 사용의 시정과 투기로 인한 비합리적인
지가 형성을 방지하는 토지 거래의 공적 규제를 강화하기 위해 시행하는
제도로 1978년 국토이용관리법의 개정으로 도입되었으며 현재는 부동산
거래 신고 등에 관한 법률(2017.1.20 신설)에 근거를 두고 있는 제도다.

토지거래허가구역은 5년 이내의 기간을 정해 국토교통부장관이 지정하
고, 공고한 날로부터 5일 후 효력이 발생하면 땅을 거래할 때 관청의 허가

를 받아야 하기 때문에 투기수요를 잠재울 수 있는 효과가 발생한다. 즉, 토지거래허가구역이란 일시적으로 거래를 못하도록 하는 강제 법률이다. 한번 지정되면 최장 5년까지 지속되고 상황에 따라 연장되기도 하지만, 어느 정도 투기가 근절됐다고 판단되면 결국에는 풀린다.

사실, 토지거래허가구역은 개발호재를 안고 꾸준한 도시화가 진행되고 인구유입이 있는 곳이므로 그동안의 지가상승으로 결국 실수요자에게는 보답이 이루어지는 것이기에 공인된 투자처라 할 수 있다.

✓토지거래업무처리규정 제2조(허가대상 거래계약)

① "대가를 받고 이전하거나 설정하는 경우"의 대가에는 금전에 한하지 아니하고, 물물교환·현물출자 등 금전으로 환산할 수 있는 대물적 변제, 채무인수, 채무면제, 무체재산권 및 영업권 등도 포함되며, 다음 각 호의 1에 해당하는 거래는 동항의 규정에 의한 허가대상이 된다.

❶ 개인기업을 법인으로 전환함에 따라 개인기업의 토지를 법인에게 현물출자 하는 경우

❷ 가등기담보 등에 관한 법률에 따라 가등기담보를 목적으로 하는 매매예약 또는 채권담보를 목적으로 하는 대물변제 예약 등을 체결하는 경우

❸ 매매예약 불이행으로 처분금지가처분결정과 소유권이전등기청구소송이 진행 중인 토지를 선의의 제3자인 현재의 소유권자가 다른 사람에게 매도하고 자 하는 경우

❹ 집행력 있는 판결을 원인으로 하여 소유권이전등기를 하고자 하는 경우로 서, 재판의 원인이 된 당초의 계약이 허가구역 지정 이후에 체결된 경우. 이

경우 매도인이 허가신청을 거부한 때에는 매수인(등기권리자) 단독으로 허가신청을 할 수 있다.

❺ 환지방식으로 도시개발사업이 시행되는 도시개발구역(종전의 토지구획정리사업법에 의한 토지구획정리사업지구를 포함한다. 이하 같다) 안의 체비지를 공매입찰의 방법으로 낙찰받아 취득한 토지를 환지처분되기 전에 미등기상태에서 토지거래를 하는 경우

❻ 법령에 따른 공공사업으로 인한 보상으로 토지에 관한 소유권 또는 지상권을 취득한 자가 그 권리를 이전하고자 하는 경우. 이 경우 그 권리의 등기 여부는 고려하지 아니한다.

❼ 영 제121조제4호 내지 제9호의 규정에 의하여 허가제에 관한 규정을 적용받지 아니하고 토지 등을 공급받은 자가 그 권리를 타인에게 이전하고자 하는 경우. 이 경우 그 권리의 등기 여부는 고려하지 아니한다.

❽ 그 밖에 부담부 증여 등 사실상의 대가가 수반되는 경우

② 다음 각 호의 1에 해당하는 경우에는 허가대상이 되지 아니한다.

❶ 상속 등 대가가 없는 거래인 경우

❷ 집행력 있는 판결에 의한 명의신탁 해지를 원인으로 소유권을 이전하는 경우

❸ 점유로 인한 시효취득을 원인으로 민법상 화해조서에 의한 판결을 받아 소유권을 이전하는 경우

❹ 매매예약의 가등기를 경료하고 본 계약의 성립으로 볼 수 있는 예약완결의 의사표시일이 허가 구역으로 지정되기 이전인 경우로서, 허가 구역으로 지정된 이후에 당해 토지에 대한 본등기를 하는 경우

허가대상	허가대상 아닌 것
토지	건축물, 건물거래
소유권, 지상권	저당권, 전세권, 임차권
유상계약(예약 포함), 부담부증여, 대물변제계약(예약)	상속, 증여계약(무상), 유증(단독행위)
민사소송에 의한 판결 및 화해·조정·인낙·인낙조서, 가등기담보, 양도담보	토지수용, 경매

용도지역이나 용도지구는 입지나 건축규모 등을 제한하는 반면, 토지거래허가구역은 거래 자체를 제한하는 제도다. 허가대상 여부를 가리는 기준은 면적이다. 용도지역상 도시지역일 경우 주거지역(180제곱 미터), 상업지역(200제곱 미터), 공업지역(660제곱 미터), 녹지지역(100제곱미터), 기타지역(90제곱 미터)등은 해당면적이 초과할 때 거래허가를 받아야 한다. 비도시지역일 경우 농지는 500제곱 미터, 임야는 1000제곱 미터, 기타는 250제곱 미터 이상일 때다.

구분	용도지역	기준면적(초과)
도시지역	주거지역	180m^2
	상업지역	200m^2
	공업지역	660m^2
	녹지지역	100m^2
	지역의 지정이 없는 지역	90m^2
비도시지역	농지	500m^2
	임야	1,000m^2
	기타 지역	250m^2

물론, 해당 면적 이내일 때는 허가를 받지 않아도 된다. 토지거래허가를

피하기 위해, 기준 면적 이하로 계약을 체결한 후 1년 이내에 다시 같은 사람과 전부 또는 일부에 대해 계약을 체결한 경우는 1년 이내에 계약을 체결한 면적과 합산하여 허가 여부를 따진다. 허가 구역을 지정할 당시, 규정된 면적을 초과하는 토지는 그 이후에 당해 토지가 분할된 경우에도, 그 분할된 토지에 대한 계약 체결 시는 허가 구역 지정 당시를 기준으로 초과하였기에 토지거래허가구역 대상이다. 따라서, 필지분할 시점이 나타나 있는 토지대장(임야대장)이 중요하다. 토지 분할이 공공목적으로 인한 경우에는 분할 후 면적이 토지거래허가 대상면적에 해당되지 않는다면 분할시점을 따지지 않는다.

경매로 취득하는 경우는 토지거래허가대상이 아니다. 토지거래허가구역에서 토지 경매는 필수적인 투자 방법이라 할 수 있다. 상속이나 증여(무상), 유증(단독행위)도 허가대상이 아니다. 토지거래허가는 일반적으로 매도인과 매수인이 같이 받는다. 토지거래허가구역신청서, 토지이용계획확인서, 농지의 경우는 농업경영계획서, 토지취득자금조달계획서 등을 첨부하면, 허가는 잘 나오는 편이다. 즉, 요식행위다. 하지만, 토지이용 의무기간이 면제되는 것이 아니므로 당초 허가받은 대로 일정 기간 토지를 의무적으로 이용해야 한다.

시세차익으로 접근하다 보니, 이행에 대해 소홀히 하는 경우가 있다. 허가를 받았더라도 허가받을 당시에 제출한 관련 서류와 허가 신청서에 기재된 목적에서 벗어나면 토지 취득가액의 10%에 해당하는 이행강제금이 매년 부과된다. 토지 거래 허가구역 내에서 토지거래 허가를 받지 않은 계약은 원천적 무효이지만 실제 계약 체결 시에는 '토지거래 불허가 시 본 계약은 자동 해지되고 그에 따른 계약금은 조건 없이 반환되며, 이로 인한 어떤 법적 책임도 쌍방에 묻지 않기로 한다'라는 특약사항을 기재한다. 이때 거래는 유동적 무효로 보아 향후 토지 거래 허가를 득하면 소급하여 확정적으로 거래는 유효하게 인정되는 방식으로 진행한다. 허가가나지 않는 경우 자동으로 모든 거래는 법적으로 무효가 되는 것이다.

이용목적	의무기간	위반 시 조치
1. 자기의 거주용 주택용지 2. 농·축·임·어업 경영 3. 복지시설, 편의시설 4. 대체용지취득	2년	토지취득금액의 5~10% 이행강제금 매년 1회 부과 1. 이용목적 위반:5%
개발·이용행위가 제한되거나금지 된 토지의 현상 보존 목적	5년	2. 타인에게 임대:7% 3. 미이용 방치:10%
그 외 사항	5년	4. 기타:7%

이용목적 위반보다(5%) 미이용 방치(10%)가 더 이행강제금이 더 강하다. 컨테이너라도 구비하여 모양새를 만드는 것이 중요하다. 이러한 의무기간만 지나면, 토지거래허가제를 적용하지 않는다.

그렇다면, 토지거래허가구역에서 '주말체험 목적'으로 1.000㎡ 미만을 매수하면서 허가를 신청하면 어찌 될까? 결론적으로, 불허가 대상이다. 즉, 토지거래허가구역에서는 안된다. 오로지, 기준 면적 이하만 허가 없이 거래할 수 있다.

Epilogue

토지는 영원한 블루오션이다

우리나라 최초의 부동산 정책이라고 알려진 '부동산 투기 억제에 관한 특별조치법'이 1967년 11월 29일에 발표되었다. 이후, 50년 동안 투기와의 전쟁이 시작되었지만 투기의 진화만 확인하는 셈이 되어버렸다. 경기부양을 위해 부동산을 이용하고 과열 시장이 전개되면 역시 부동산을 이용하는 억제 대책으로 점철된 역사이기에 위로는 사회 고위층, 아래로는 중산층까지 투기 행렬에 가담하게 된 것이다. 복부인부터 시작하여 떴다방, 그리고 지분 쪼개기까지 다양한 수법을 동원하면서 땅은 투기의 대명사로 자리매김 되어 있을 정도다.

한강의 기적을 불러일으키면서 땅을 원자재가 아니라 상품으로 인정하기 시작한 개발호재는 경부고속도로 착공이었다. 1968년 2월 1일 기공하여 70년 7월 7일 완공된 고속도로로, 수도권과 영남공업지역 및 인천과 부산의 2대 수출입항을 연결하는 대동맥인 경부고속도로는 지난 40여 년간 개발중심지역으로 자리 잡았다. 땅값 폭등의 서막은 67년 11월 제3한강교 (한남대교) 남단이 경부고속도로의 기점으로 결정된 후 현재의 서울 서초구 양재동 부근인 말죽거리다.

전형적인 시골 땅이던 말죽거리는 영동개발계획으로 발표되자 사재기를 하러 온 강북 투자자들로 북적거린다. 비싼 말죽거리를 못 사면 주변 지역으로 이동하여 점차적으로 강남은 투기의 장으로 변한다. 급기야 "강남 땅을 사지 못하면 유행에 뒤떨어진다"라는 소문을 내면서 투기의 행렬은 '복부인'을 탄생시켰다.

66년 초, 신사동 일대는 허허벌판으로 3.3평방미터당 200원에서 1년 후 3,000원으로 70년도에는 3.3평방미터당 1만 2,000원까지 복부인이 미등기 전매 방식으로 끌어올리게 된다. 몇 번의 미등기 전매를 통하여 돈을 만지게 된 복부인은 70년대 중반 서울 용산구 이촌동, 강남 영동, 잠실 등의 아파트와 땅 투기에 열을 올리며 투기 집단의 원조가 되었다.

당시 선착순 분양과 청약 제한이 없었기에 복부인들은 영동과 잠실 등의 아파트 청약에 대규모로 수집하기에 열을 올렸고, 인근 지역의 토지까지 복부인의 명의로 남겨지면서 사회적인 문제가 대두되기 시작한다. 토지

가격이 가장 많이 상승한 시기가 바로 부동산 경기 1차 순환기인 1978년으로 전년대비 49.0%나 급등하면서, 8.8부동산 투기 억제 및 지가 안정을 위한 종합 대책과 1979년 4월 17일 경제 안정화 종합시책을 잇따라 발표하게 된다. 토지와 건물의 양도세율을 50%로 통일하고 단기전매 시 가산점을 두어 투기를 억제하고자 한다. 양도용 인감증명서의 유효기간을 1개월로 단축 및 거래 상대방을 명시하도록 하여 미등기전매를 방지하고자 하였다. 또한, 부동산 소개업소는 신고제에서 허가제로 전환하였다.

1980년대 들어 투기억제 정책으로 인해 주택 공급이 감소하고, 시장이 침체기로 접어들자 전두환 정부는 정책 기조를 주택경기 활성화로 바꾸었다. 81년 광주민주화운동으로 사회가 혼란스러워지자 강남 개발을 경기부양의 수단으로 삼아 해방 후 처음으로 서울(강남구 개포동 일대)의 녹지를 풀어 택지로 개발하는 사업을 벌였다. 양도세율을 내리고, 투기지역을 해제하고, 자금출처 조사를 배제하는 등 규제완화 조치가 이어졌다. 게다가 장영자 어음사기 사건(82년)과 금융실명제 추진 움직임이 부동산 시장을 과열시킨 것이다.

바로 이때 또 다른 복부인을 가리키는 '빨간바지'라는 신조어를 고위층 부인들이 탄생시키면서 도로 건설 예정지 및 택지 개발 예정지를 중심으로 사재기 열풍이 일어나 원조 복부인의 투기시장을 능가하게 된 것이다. 그러나 규제완화에 따라 유동자금이 부동산 시장으로 몰리면서 투기가 확산되자 투기과열지구 도입 등 다시 규제를 강화하는 83년 4월 18일, '토지 및 주택문제종합대책'을 입법화한다. 88서울올림픽을 전후로 국제수지 흑자 등에 힘입어 시중 자금이 넘쳐나던 80년대 말 복부인들이 다시 부동산 시장에 모습을 드러냈다. 부동산 가격이 급등하면서 토지개발로 인한 불로소득이 사회문제로 대두되자 당시 노태우 정부는 '토지 공개념'을 바탕으로 한 '8.10부동산 안정대책'과 일산·분당 신도시 등 주택 200만 호 건설계획(1990.4.13. '부동산 투기억제대책')을 발표하고, 토지공개념에 따라 택지소유상한제, 개발이익환수제, 토지초과이득세를 입법화한다.

1990.4.13. 대책을 기점으로 1990년대 중반까지 부동산 시장은 부동산 실명제 도입과 함께 평균 지가 상승률이 마이너스를 기록하는 등 안정세를 찾았다. 그러나 IMF 외환위기를 맞으면서 외환위기 극복을 위해 1998년부터 2001년까지 전방위적인 부동산 경기 활성화 대책 등의 규제완화로 토지공개념 폐지를 통한 토지규제 완화, 양도소득세 인하, 분양권 자율화 및 전매 제한 폐지 등으로 부동산 시장은 서서히 과열된 것이다. 월드컵이 열린 2002년에는 집값이 16.4%나 뛰어 2000년대 들어 최고 상

승률을 기록했으며 땅값도 9.0%나 급등했다. 이런 분위기에 편승해 분양권 전매와 청약통장 거래를 전문적으로 알선하는 일명 '떴다방'이 탄생하게 된 것이다. 또한, 특정 지역에 대한 그럴듯한 개발 소문을 흘린 뒤 헐값에 사들인 땅을 쪼개서 비싸게 팔아넘기는 이른바 '기획부동산'도 나타나면서 수십 배의 시세차익을 권유하면서 투기를 부추기면서 과열 양상과 함께 억울한 피해자를 양산하게 된 것이다.

대규모 택지개발지구의 아파트를 짓기 위해 매입하려는 땅 가운데 일부를 선점해 비싼 값을 받고 되파는 '알박기'와 영업행위도 하지 않는 상가를 건축하여 보상을 노린 '유령상가', 원주민 소유의 주택을 매매할 때 보상금과 입주권 모두를 매매 대상으로 하는 '통물건', 이면계약을 통해 보상금은 투기세력이 가지는 대신 입주권만 매매 대상으로 하는 '껍데기', 오피스텔 등의 분양권 매매 의뢰를 받은 중개업자가 투기꾼들과 사고팔기를 반복하면서 계속 가격을 올리는 '돌려치기', 돌려치기로 가격이 상승한 분양권을 실수요자에게 파는 '막차 태워 시집보내기', 그리고 원래 1인 소유이었던 단독주택이나 다가구 주택으로 지은 건물을 용도 변경하여 다수의 소유자로 만들어 조합원을 늘리는 '지분 쪼개기'까지, 투기의 역사는 진행되었다.

상기에서 보듯, 우리나라의 정책은 주기적인 가격 상승과 하락에 대응하여 대책을 시행하였다. 지가가 상승하고 부동산 가격이 급등하면 긴급 부동산 대책을 발표하고 이에 따른 문제점이 발생하면 후속 조치를 시행해 가격 안정을 찾는 방식으로 부동산 흐름을 조율해왔다. 정책 발표 후 지가는 단기적으로 안정되어 있지만, 유동성 자금의 흐름과 각종 편법으로 내성이 쌓이고 규제의 실효성이 떨어지면서 부동산 투자의 흐름이 항상 부동산 정책에 선행되어 움직였다는 것 역시 부인하지 못한다.

결국 지가의 상승, 안정, 하락을 거쳐 다시 상승으로 이어지는 패턴을 반복한다는 것인데, 산업이 발전하고 개인의 소득수준이 늘어나면서 개발 계획이 꾸준한 공급이 예상되어 이러한 패턴은 계속적으로 반복될 것이다. 다만, 과거와 달리 그 주기가 짧게 반복되어 움직인다는 것이 다를 뿐이다.

돈 냄새 나는 땅

발행일 2020년 5월 29일   **발행처** 인성재단

편저자 강공석·김동수   **발행인** 조순자   **편집·표지디자인** 홍현애

주 소 경기도 파주시 산남로 11-11, 가동(산남동)

전 화 070-7445-4351   **팩 스** 031-942-1152

정 가 18,000원   **ISBN** 979-11-968972-2-2